寻艺尚美

初中美术
教学模式与教学设计

丰雪　著

中国海洋大学出版社
·青岛·

图书在版编目（CIP）数据

寻艺 尚美：初中美术教学模式与教学设计 / 丰雪著.
—青岛：中国海洋大学出版社，2022.9
ISBN 978-7-5670-3235-4

Ⅰ.①寻⋯ Ⅱ.①丰⋯ Ⅲ.①美术课—教学模式—
初中②美术课—教学设计—初中 Ⅳ.① G633.955.2

中国版本图书馆 CIP 数据核字（2022）第 147181 号

寻艺 尚美：初中美术教学模式与教学设计
XUNYI SHANGMEI CHUZHONG MEISHU JIAOXUE MOSHI YU JIAOXUE SHEJI

出版发行	中国海洋大学出版社
社　　址	青岛市香港东路 23 号　　邮政编码　266071
出 版 人	刘文菁
网　　址	http://pub.ouc.edu.cn
订购电话	0532-82032573（传真）
责任编辑	董　超
印　　制	日照报业印刷有限公司
版　　次	2022 年 9 月第 1 版
印　　次	2022 年 9 月第 1 次印刷
成品尺寸	170 mm × 240 mm
印　　张	13.25
印　　数	1~1000
字　　数	231 千
定　　价	58.00 元

发现印装质量问题，请致电 0633-8221365，由印刷厂负责调换。

参观上海红色革命基地

参加省级教科研会议

传统文化学习

骨干教师培训讲座

区教研活动研讨

校园电视台讲座

教育科研活动讲座

教育科研活动讲座

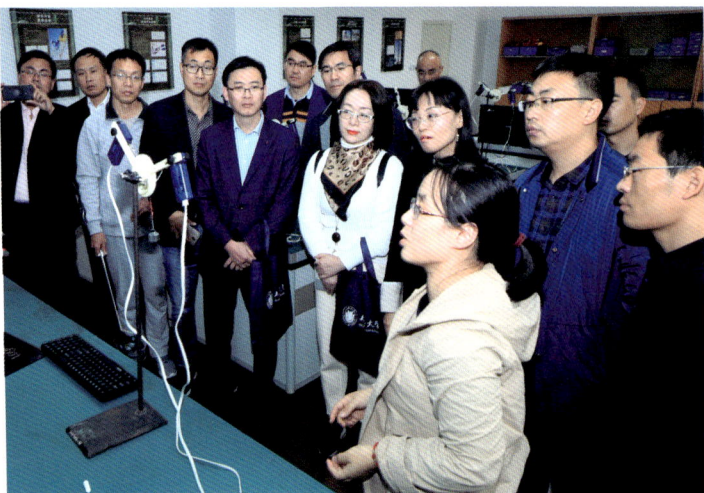

参加上海大学培训

参加"杏坛名师"培训

学科教师组织培训

参加"杏坛名师"培训

工作室成员教学模式研讨

教学模式应用研讨

柏立峰老师教学模式研讨课

课后研讨交流

陈霞老师执教市公开课

韩琪老师教学模式研讨课

高莉老师参加市优质课

任城区教学模式研讨会

省级教学联盟公开课

听评课反馈

校园写生课

闫丹丹老师参加省优质课

研究团队教学模式教学研讨

周双熙老师教学模式研讨课

陈霞

济宁市第十五中学美术教研组组长，一级教师，任城区教学能手，获山东省美术教师基本功一等奖、山东省美术优质课二等奖。多次执教市区级公开课，主持并参与多项课题研究。

闫丹丹

济宁市实验初中教导处主任，一级教师，济宁市教学能手，山东省美术优质课一等奖第一名，任城区优秀班主任。多次执教市（区）级公开课，主持并参与多项课题研究。

张志英

济宁市第四中学音美教研室主任，高级教师，济宁市优秀班主任，济宁市美术优质课一等奖，山东省美术优质课二等奖。多次执教省市级公开课，主持并参与多项课题研究。

韩琪

济宁市任城区李营第一中学美术教研组组长，一级教师，济宁市教学能手，济宁市美术优质课执教者，任城区优秀教师，山东省暑期远程研修省级优秀教研组长，任城区书法协会理事。

杨芸芸

济宁市实验初中美术教研组组长，一级教师，任城区教学能手，济宁市美术优质课一等奖第一名，山东省德育展示优质课二等奖第一名，济宁市教学先进个人，多次执教市（区）级公开课，参与多项省（市）级课题研究。

柏立峰

济宁市实验初中美术教师，高级教师，济宁市教学能手，任城区优秀教师，任城区第三批骨干教师，任城区优秀班主任。多次获得市（区）优质课一等奖，多次执教市公开课，参与多项课题研究。

夏海红

济宁市长沟中学美术教研组组长，一级教师，济宁市第十八届人大代表，山东省教学技能大赛二等奖，任城区首批教学能手，任城区优秀教育工作者，任城区优秀班主任，多次执教市（区）级公开课。

周双熙

济宁市实验初中美术教研组备课组长，二级教师，济宁市美术优质课一等奖，任城区美术基本功比赛一等奖，山东省"一师一优课"优课，多次执教市（区）级公开课，参与多项课题研究。

史冈

济宁市第十五中学美术教师，一级教师，任城区教学能手，济宁市美术教师教学基本功一等奖，济宁市艺体教育优秀教师，山东省"一师一优课"优课，多次参与市（区）级课题的研究。

高莉

济宁市第十三中学美术教研组组长，一级教师，济宁市美术优质课一等奖第一名，多次执教市（区）级公开课，参与多项课题研究。

序言

　　1795 年，德国古典美学家弗里德里希·席勒的散文体著作《审美教育书简》面世，标志着"美育"概念及其系统美育理论的确立。席勒把美育从传统德育中分离出来，并赋予其培养理想的人、完美的人、全面和谐发展的人的核心内涵与任务，影响着之后世界美育理论与实践的研究。尤其是其把美育提高到培养全面和谐发展的人的高度来认识的主张，与我国目前推行的培养全面发展高素质人才的素质教育理念基本契合。

　　丰雪老师数十年来一直工作在教学一线，是我了解的诸多美术教师中为数不多的致力于美术教育教学研究、热心于青年教师培养、德能兼备的教师。作为省特级教师、市"杏坛名师"的她，勤奋好学、钻研善思，积累了丰富的教学经验，同时还注重研究古今中外的美育理论，寻珍采宝、广采博取，并内化为自己的学养，在应用于美术教学的同时，又能在实践中进行理论总结、大胆创新，形成了自己独到的教学理念。她针对初中教学内容与学情，创设出具有学科特色的初中美术课堂 24 字教学模式，在部分学校进行实践、推广，产生了良好的效果与广泛的影响；她参与主持各级美术教育教学培训，在美术教育教学基地率先进行课堂教学改革，带领名师工作室成员及我市部分骨干教师深入中小学美术课堂，关于美术教育研究与发展的新见迭出，为推动美术教育学科发展倾尽心力。作为她的业务领导，我高兴于丰老师取得的各项成绩，更见证了她成为名师的历程。

　　我一直鼓励丰雪老师将多年教学经验汇集成册，为美术教学提供有借鉴价值的经验分享。如我所愿，终于有一天，她把著作的初稿拿来征询我的意见。后经几次修正，这本凝聚了她的智慧与探索心血的《寻艺　尚美——初中美术教学模式与设计》终于要出版了。

　　《寻艺　尚美——初中美术教学模式与设计》一书分为四章。第一章教学模式概论，阐述了教学模式的产生与发展，从教学模式的概念、结构、特点与功能、历史与发展四个方面进行剖析、整合，简要阐述教学模式的产生、发展及在教学中的应用价值，为我们进一步了解教学模式提供了很好的认知。第二章在对美术教学模式的解读中，她对初中美术课堂 24 字教学模式提出的背景与主要内容进行了详细的介绍，言简意赅、凝练厚重，是对美术教育教学的理性思考和理论提升，是把朴素的教学经验之"术"上升至理性之"学"并与技艺之"能"

的整合。而第三章初中美术课堂 24 字教学模式在学习领域中的应用，包含了四个学习领域中的理论讲述及教学案例。此章的教学设计，是基于新课程理念，以初中美术课堂 24 字教学模式为框架，针对课堂教学的各个环节，提出的一些具有可行性和可操作性的关于教学设计的策略和方法，阐释了美术教学技能的变化与发展，有助于教师把握新课程精神，了解教育发展动态，更新教育观念，促进专业发展，从而把新课程理念贯穿于课堂教学过程中。第四章对初中美术课堂 24 字教学模式的实践和反思，让我们看到了丰雪老师及其团队严谨治学的态度与精益求精的精神。

本书的教学理论观点，与传统教育理论有较大的不同，给课堂教学实践带来了许多新观念、新经验、新手段、新方法，在为"教学设计"这一术语注入生命活力的同时，也为教师的实践反思提供了对照的镜子，更为教学实践研究提供了可资借鉴的范式。透过本书的字里行间，我们感受到一线名师在常规的教学实践中是如何理解、应用、验证、提升教学理论与设计的，其中各种奇妙的教学创意和精致的教学细节，无疑会得到广大美术教师的喜爱并产生影响作用。

苏联著名教育实践家和理论家苏霍姆林斯基曾说过，对美的感知和理解是审美教育的核心，是审美的要点。作为培养人的审美能力的重要途径之一的美术教育，采取怎样的教学设计去让学生感知美、理解美、享受美、创造美，从而成为"理想、完美、全面发展"之人，相信《寻艺　尚美——初中美术教学模式与设计》这本书会给您带来答案或启发。

受丰雪老师之托，在书稿即将出版之际，谈点感想，并表祝贺。是为序。

2022 年 4 月 26 日

曹东平

前言

纵观 21 世纪以来的基础教育课程改革，其中心始终围绕学生发展核心素养的培养展开，关键环节在于促进课堂教学改革。2021 年 7 月 24 日，中共中央办公厅、国务院办公厅印发了《关于进一步减轻义务教育阶段学生作业负担和校外培训负担的意见》，明确提出要全面压减作业总量和时长，减轻学生过重作业负担，并要求学校优化教学方式，强化教学管理，提升学生在校学习效率。这对中小学课堂教学提出了更大挑战和更高要求。

教学模式是教学理论与教学实践共同作用的产物，合理的教学模式及其实践能够提升课堂教学的质效，充分发挥学校教育在培养学生核心素养中的主导作用，是培养学生核心素养的必然要求。探索合理的教学方法，能够把教育的理念带到课堂中，以形成科学、具体的教育方法，扎实、高效的教学模式，合理、恰当的教学手段，灵活、适用的教学评价，尊重和保障学生学习发展的主体性地位，实现教学过程最优化。

从 20 世纪 80 年代开始，我国学术界采用翻译外国理论、总结中国本土化教育实践经验等方法进行了教学方法的理论研究与探索，并提出了概念获得模式、社会模拟模式等理论，出现了卢仲衡的"自学辅导教学模式"、魏书生的"七步教学法教学模式"等中国本土教学方法，之后对教学模式的研究进入井喷状态，但也出现了教学模式研究派系繁杂、对国外模式简单移植与套用、缺乏学科创新以及对学生发展核心素养关注不足等问题。对教学模式的研究仍须回归元理论研究，阐明教学模式的概念、内涵及外延，分析教学模式的教育教学理论基础及使用范围。

信息技术的蓬勃发展，为教师教学方式和教学模式的改革奠定了新的基石，对教学方法的研究同样需要关注现代教学信息技术在创造新教育情景、拓展教师教学模式和资源、充分调动教师和学生的自主性与积极性、增进教师与学生的互动沟通能力和情感升华等方面的积极功能，以便更有效地改善师资学校管理模式与教师教学技能，培养学生学习的自主性与积极性，推进学生积极主动地发展，从而实现教师课堂教学的全面优化，促进学生形成符合其自身发展与社会发展要求的必备品质与重要才能。基于此，2013 年笔者首次提出初中美术课堂 24 字教学模式，先是在初一年级进行试点，与学科组教师及工作室成员根据不同课堂教学内容与学情，随时调整教学策略与方法，不断改进，不断探索，最终形成"艺美引导—阅美感悟—寻美探究—赏美启智—创美达意—尚美提升"的初中美术课堂 24 字教学模式。模式形成后，在全市很多学校进行了研究与推广。为培养学生发展核心素养，加强此教学模式与其他课例的整合，深化教学模式在教学中的应用，2021 年笔者参与了山东省教育教学研究课题"初中项目式劳动教育课程开发与实施的研究"（课题编号：2021 JXY226）的研究，对美育课程模式实施进行实践探索。在此期间，笔者辅导的济宁市部分区（县）的初中美术教师也开始在教学中使用此教学模式。该教学模式使教案撰写更加规范，教育思维更加创新，学生课堂学习效率大幅提升，教师的课堂教学效果与各级各类教学展示课效果良好。

24 字教学模式在推广应用过程中得到了济宁学院美术系原系主任丰兴军教授、济宁市教科院原美术教研员曹东平科长、济宁市教育科学研究院美术教研员马龙老师等诸位专家领导的关心与指导。在课堂教学实验中，济宁市第十五中学美术教研组组长陈霞老师、济宁市第四中学音美教研室主任张志英老师、济宁市实验初中柏立峰老师及丰雪工作室全体成员：济宁市实验初中教务处闫丹丹主任、美术教研组组长杨芸芸老师、备课组长周双熙老师，济宁市长沟中学美术教研组组长夏海红老师和吴丹老师、陈亚琦老师、于冰琪老师，济宁市任城区李营第一中学美术教研组组长韩琪老师，济宁市第十三中学美术教研组组长高莉老师，济宁市第十五中学史囡老师等运用 24 字教学模式积极进行教学探索，在此一并致以诚挚的谢意！

目录

第一章

教学模式概论

1

教学模式是将教育教学理论融汇于课堂教学的策略、方法指导，是对课堂教学过程的简约化描述。在合理的教学模式下，教与学的进程与学生的内在认知程序契合，教学方法有助于引起学生的思维变化，能够帮助教师尤其是青年教师进行教学设计和实践，保障教学的有效性。

研究教学模式并将其应用于教学实践指导，就要加强对教学模式的学理性研究，厘清教学模式的起源与发展，澄清教学模式的概念内涵、特征功能等，为进一步深化教学模式的实践运用奠定坚实的理论基础。

第一节　教学模式的概念

"模式"这个词本义为物品的标准形状，宋张邦基《墨庄漫录》卷八："闻大师之艺久矣，愿见笔法，以为模式。"清薛福成《代李伯相重锲汶滨遗书序》："王君、夏君表章前哲，为邦人士模式，可谓能勤其职矣。""模式"均指样式示范，意为学习和效仿的标准。后来，"模式"一词逐渐发展成为指称解决一类问题的逻辑框架，代表横跨经验与理论的可操作性的形式规律，是指导解决现实问题的理论依据和实践结构。

"教学模式"一词在 1972 年由美国学者布鲁斯·乔伊斯和玛莎·韦尔在其合著的《教学模式》一书中提出，他们把"模式"一词首次引入大学教学领域并加以系统研究，是教学模式系统理论研究的开端。他们提出，教学方法是一种由课程设置、教材选择、教学活动指导等各环节组成的教学计划或范式，是在特定的教学思想基础上建构的各类教学活动的程序性策略框架。他们还区分出了四类教学方法：信息加工教学模式、性格发展教学模式、社会交往教学模式和行为调整模式。

随着学界对教学模式的深入研究和实践探索，关于教学模式的概念界定因侧重点不同而出现了理论取向、结构取向、过程与程序取向、方法与策略取向等几种不同的观点。理论取向观点关注教学模式的静态性、中介性，强调教学模式的本质在于教学理论对教学实践的指导；结构取向观点关注的是教学模式中各种教学活动的组合与架构；过程与程序取向观点关注教学模式所表现出来的独特教学风格；方法与策略取向观点将教学模式理解为教学方法和策略的组合。

综合上述研究成果，本书认为教学模式是指依据一定教学思想和教育规律，根据课程对象和学生的特征而构建出来的相对固定的教学框架和程序，是教师建构教学实践的手段。

需要注意的是，学界对教学模式的范畴尚未有较为权威的界定，对教学模式与教学计划、教学方法、教学策略等概念的辨析尚存争论。

首先，教学模式不等于教学计划。教学计划只是对为达到教育目标而开展教学的预先计划，它并不能反映教学中所包含的教育思想，而体现教学方式的模式框架则是由教师在教育教学理论指导下建立的教学方式、方法等的组织架构。在教学方法、模式框架的选用方面，教师可以按照课程对象、内容、学习者情况等因素把握课堂各要素间的关系，使教学进程与学生的思维进程同频、教学方法与学生的知识建构共振，促进教学过程顺利进行，使课堂学习效果更有意义、更高效。

其次，教学模式并不等同于教学方法。教学方法通常为在教育过程中，教师与学习者之间为达到共同的教育目的而使用的方法和手段的统称。教学方法分为教师的教授方法、学生的学习方法，其一般包括讲授法、研究法、实验法等。而教学模式则是指基于课程目标而进行的整体架构。

再次，教学模式不等于教学策略。教学策略与教学方法均采用单一手段引导学生学习，而教学模式是各类要素的组合编排运用。

随着人们对教学模式研究的逐渐开展，学术界又给出了不同的教学模式分类。根据教学目标的不同，教学模式分为以传授知识为目标、以培养合作学习和交往能力为目标、以培养自主探究和创造能力为目标、以促进学生个性化发展为目标等几种不同类型。根据应用领域的差异，教育教学模式包括通用性教学模式和学科性教学模式。根据方法设计的不同，教学模式分为获取型、探究型、讨论型、实践型、协作型教学模式。

此外，全国很多学校也纷纷通过实践摸索形成了各自别具特色的教学方法，比如北京杜郎口初级中学的"三三六"教学方法，江苏洋思初级中学的"先学后教、当堂练习"教学方法，上海育才初级中学的"八字"教学方法，魏书生的"七步教学法教学模式"。

第二节　教学模式的结构

布鲁纳的新结构主义教学理论主张通过发现法进行教学，认为教育过程可分成五个阶段：创造情境、提供假设、检验假说、得出结论、反思与评价，这对构建新的教学模式和提高学习的有效性具有重要意义。教学模式是援引教学思想指导教学实践的产物，既是教育理论体系的具体化实施，又是对教学经验的概括。

一、理论依据

教学模式是在某种教育教学思想指引下的课程行为规范。静态地看，教学模式是一种教育教学思想架构，它体现着特定的教育思维以及进行教学时的要素结构。根据不同教育教学思想而形成的教学模式往往显示出不同的特点。概念获得教学模式的理论基础是认知心理学，而探究型学习模式则是根据建构主义教育理论而提出的，情境陶冶教学模式的理论依据则是人的自觉心智活动和无意识的心智活动、理智和情感活动在认知中的统一。

二、教学目标

教学模式的建构要围绕一定的教学目标展开，教学目标是教学模式的核心导向和评价尺度。在教学目标的指导和制约下，教学模式中的各要素内在统一于教学目标的实现，这决定了不同教学模式各有特点、各有不同的教学目标。

三、操作程序

动态地看，教学模式是课程框架和教学过程的融合，它规范着教学过程的逻辑程序和操作程序，是教学中师生双边活动的组织与开展。

四、实现条件

为了实现以教学理论指导教学实际，教学模式还包括影响课堂教学结果的所有因素，比如学习者状态、课程、教学手段、课堂环境、课堂教学时间。

五、教学评价

教学评价是指在不同的教学方法下，为实现教育目标和完成教育任务而使用的评估手段与方法。针对不同的教育目标，不同的教学模式所实现的教育目的、方式有所不同，评估方式和尺度也有所不同。当前，除部分相对完善的教学模式已形成了整套具体的评估方式和尺度之外，很多教学模式还并未能形成自身特有的评估方式和尺度。

第三节　教学模式的特点与功能

一、教学模式的特点

教学模式建构的目的在于解决教育理论与教育实践的脱节问题，在深入研究教育规律的基础上寻求更好的教学程序和方法。尽管不同教学模式基于不同的教育理论而建构，但各类教学模式在相互借鉴和融合之下形成了许多共性特征。

1. 整体性

基于对教育理论的具体化和对教学程序的概括，教学模式是理论性和现实性教学理念的结合，具有理论指导实践的完整性；同时，教学模式规定了一整套教学程序结构和操作要求，是对教学活动的整体性规划。

2. 指向性

教学模式的制定必须从实用性出发，综合考虑课程目标、学习者状况、课程特色等各方面因素。因此，教学模式具有指向性特征，指向特殊教学目标设计和教学程序建构，在一定条件下实现有效教学。所以，在课堂教学过程中选用教学方式时，要重视教学方式的指向性，针对教学方法的特殊性选用适合的教学方法。

3. 操作性

作为教育教学思想在教学实践层面的具象化体现，教学模式具有操作性特征，能够对教师教学设计和行为提供指导，通过一系列教师能够理解、掌握和实际操作的教学流程开展教学活动。

4. 稳定性

教学模式是基于教育基本规律而建立的教育程序与办法，始终深受当前历史时代的社会政治、经济、科学技术、人文思想和教学因素影响，其并不仅仅单纯指向某一门课程，而是对整个教育过程具有重要参考价值，因此有着相当的稳定性。但是由于特定时代的政策和教学目的之影响，教学模式也会相应有所改变，所以这种稳定性也是相对而言的。

5. 灵活性

教学方法与模式并不仅仅针对某一特定的课程，而是教学思想的普适性指导，在实际的教育过程中也不是拿来就用，而是需要结合课程性质、教学内容特点以及教师情况等，在过程与方式上做出细微改变，灵活机动地适应不同学科特色，从而取得理想教学效果。

二、教学模式的功能

1. 教学模式的中介作用

教学模式是理论和实践之间的桥梁，能够为各课程教师提供必要的理论基础和模块化的课程系统，让教师脱离在教学实践中探索、依靠个人经验和感受去教学的工作状态，指导教师的教学实践。

另一方面，教学模式源于现实，是对一些实际活动加以优化、总结和加工而形成的成果。它可以帮助课堂教学构建起相对固定的活动程序和结构，有引导课堂教学的理论意义。同时，教学模式还是一种教育理论与概念的简单表述。它是对教育概念的符号、图式、联系等的简明扼要的阐述，使我们可以认识教育概念的基本特征，以便充分发挥抽象概念对实际教学的引导作用。

2. 教学模式的方法论意义

在以往的教学研究中，我们往往习惯于通过简单僵化的思考方式对教学方法、策略等方面加以研究，但却忽略了这些方面相互之间的关系；习惯于在概念层面进行抽象的辩证，而忽视了对教学活动实践的关注。教学方法研究是一次对教学科研方式的革新，在转变教师根深蒂固的教育思维方式和习惯等方面可发挥重要作用，能引导他们从整体的角度探究教育过程中各种因素间的相互作用以及教育多样化的表现形式，从动态视角掌握教育过程的实质与规律性，同时做好课程设计，并研究教育过程的优化组合。

第四节 教学模式的历史与发展

教学模式是教师课堂教学活动的基本构成，每一名教师在教学工作中都自觉或不自觉地根据特定的模式开展教学，但也面临着如何合理使用的问题。认识教学模式的发展史，认识各种新的教学方法，有助于教师客观了解教学模式的优点与局限，掌握教学方法的变化，在复杂的教学内容中灵活把握和运用教学模式。

一、教学模式的演变

之前西方课堂教学的经典模式，其架构为"讲—听—读—记—练"，其特征为由教师直接灌输知识，而学习者则被动、机械地接触知识，书中的文字内容与教师的讲解几乎一致，而学习者得到的问题答案也与书中或教师的讲解相同，学习者机械地反复练习。17 世纪，小学课程中引进了自然科学内容和直观的教学模式，采用了班级课堂制，夸美纽斯认为课堂上应该统一讲述、提问、问答、练习，观察和其他直观的方法应该结合起来，以活动组作为教育体系，首先明确提出以"感知—记忆—理解—判断"为程式的教学方式。19 世纪是科研实践兴起的时代。赫尔巴特的理论在一定程度上体现了当时科学技术蓬勃发展的势头。他从统觉理论出发，深入探讨心智课堂教学，指出学生只有将产生新经验的统觉群体中的概念联络起来，才能真正了解认知。因此，教师的主要工作是选用恰当的各种物料，以恰当的程式指导学生，构成他们的了解背景或认知小组。从这一理论出发，他具体指出了"明了—联想—系统—方法"四个阶段的教学模式。后来，他的学生莱因将它转变为"预备—提示—联合—总结—应用"五阶段教学模式。

以上教学模式都有一个共性，即都忽略了学生对学习的主动性，或片面强调灌输方式，不同程度地抑制和限制了学生个性的发挥。到了 19 世纪 20 年代，由于资本主义大工业的蓬勃发展以及个性主义思潮的广泛深化，以赫尔巴特为代表的传统教学模式思想遭遇了挑战，而杜威的新实用主义思潮也随之而来，其教学思想受到了全世界的广泛认可，也促进了教学方法的进步。杜威建立了一个基于"以儿童为中心"和"边做边学"的教学模式。这个教学模式的基本过程是"创造情境—确定问题—掌握数据—给出假定—检验假设"。这个教学模式突破了以往教学模式单一化的趋势，克服了赫尔巴特教学模式的缺点，更重视学生的主体作用。注重自主教育，提高了学生发现与探究的技能，训练了学生探索规律与问题的能力，开创了现代教育教学模式的新路。当然，该教学模式也有其弊端。它把课堂教学过程等同为科研过程，贬低了教师在课堂过程中的指导作用，片面强调教师直接经验教学的重要性，而忽略了学生对教育理论知识的系统掌握，从而影响了教学质量。所以，它在 20 世纪 50 年代受到了社会各界的激烈抨击。20 世纪 50 年代开始，由于教育科技的迅速发展，学校教学面临全新的教育科技革命的挑战，使得人们运用最新的思想和技术手段来探讨学校教育教学课题。现代心理学与思维科学对大脑活动机制的阐述，认识科学思想对个人意识过程的阐述，以及认知心理学对大脑接收与选择信息信号过程的探究，尤其是系统论、调节论、信息加工论等的研究，也为教学模式提供了许多崭新的课题，教学模式的变革对现代教育实践产生了巨大的影响，所以，这一阶段产生了不少教育思想与理论，同时也形成了不少新的教学模式。

二、教学模式的发展趋势

1. 由单一教学模式向多元教学模式发展

从赫尔巴特及其学生所主张的传统教学模式开始，研究者们意识到传统教学模式已无法适应多元的教育内容与目的，因而逐步产生了实用主义教学方法、"先学后教"模式等多元的教学模式与方法。20 世纪 50 年代之后，新的教育思潮和科学技术革命此起彼伏，教学模式上呈现出"百花齐放、百强争鸣"的繁盛局面，并逐步涌现出了问题研究教学模式、组织合作研究教学模式、案例教学模式等。在具体的教育实践中，唯有综合各类教学模式的优点，才能在教育实践中进一步探求合理的教学模式、优化现有的教学模式，从而达到对课堂教学的全面优化。

2. 由以"教"为主向"教""学"并重的教学模式发展

传统教学模式都从教师怎么去教这个角度来实施教学，忽视了学生的学习目标、兴趣和思维规律以及作为学习主体的地位。现代教学模式注重教学活动中学生的主体地位，注重学习者对教育的参与度，依据教学活动的需求合理设计"教"与"学"，更好地引导教师在教学中关注学生、成就学生。

3. 教学模式的日益现代化

现代教学思想下，学校要求教师在课堂教学中首先要确立民主、平等的教育理念，以充分满足新时代背景下的教学条件和教育硬件要求，在课堂教学中凸显学生的主体地位，重视学生学习的自主权、个性特征等，给予学生提出意见的机会，充分发挥学科教学在培养学生核心发展素养方面的价值，在教学过程中充分利用先进的教育技术，体现教学过程的开放性与互动性。

第二章

初中美术课堂 24 字
教学模式解读

2

第一节 提出背景

在美术学科中，应尽量选取对中小学生成长有用的、他们喜欢的、可以学会的基本知识与技巧，并与他们的生活紧密联系，形成基本的艺术文化素养。这同时也是中小学美育目标的基础，以此将培养学生"图像识读、美术表现、审美判断、创意实践、文化理解"五方面的基础素质作为美育教育的最终目标。

美术教学所遭遇到的最大挑战是学生的创造力和趣味性在课前、课堂、课后的美术学习过程中缺失，究其原因主要有以下几个方面。

一是教学理念相对传统，教师思维固化。对于日新月异的信息，教师并没有精确捕捉，对碎片信息未进行整理，直接呈现给学生，使学生接受起来有些难度。而教科书中的内容教师并没有灵活使用，无法使学生产生认同感，在一定程度上脱离学生的生活经验。

二是教学模式单一化。美术课堂还是以传统的教师讲授知识和学生听讲学习为主，学生处于被动学习状态，这样的课堂模式形式单一，教师无法与学生形成良好互动，学生学习思维受限，教学与学习效果并不理想。

三是教学内容、教学设计与学生实际脱节。艺术源于生活，离开了现实生活，艺术本身也就没有了生命力与现实意义。基础义务教育中的美术教育以引导学生具有审美意识、学会艺术创新并提高审美水平和创新意识为主要目的，美术课的教学内容与形式应该关注学生本身，关注学生生活。部分教师偏离了这一目标，教学设计不合学情，与学生生活产生了距离，内容与形式过于专业化，使学生学习兴趣不高。

四是学生创新意识薄弱。很多学生很少去观察日常生活中的美术现象，在美术课中，教师无法激发学生的学习热情，学生缺乏对知识的思考过程，不能举一反三，在一定程度上影响了中学生创新性思维习惯的建立，创新能力的培养便无从谈起。

针对上述现象及问题，经过多年教学研究与探索，笔者提出改革初中美术课堂教学模式的思路和做法：以具有学科特色的"激趣美—发现美—探究美—欣赏美—

创意美—提升美"（即"六大学习板块"）作为教学突破口，探索"自主、合作、探究、创新"教育理念与课堂教学的统一，并以此创设拟定了"艺美引导—阅美感悟—寻美探究—赏美启智—创美达意—尚美提升"的初中美术课堂 24 字教学模式。该模式首先在济宁市实验初中进行试点应用，在此过程中，经过专家论证指导和教师们的讨论及实践，完善后在任城区部分中学进行推广应用，后又应用于济宁市部分区（县）的初中学校。多年的教学实践证明，此模式对优化美术教师的教学理念、激发学生学习兴趣、提高学生美术学科素养起到积极促进作用。

第二节　主要内容

一、以"美"育人的教育理念

美育和人们的生活有着密切的联系，是提升学生审美能力和创新性思维能力的重要途径。它可以让学生不断增强审美品质和社会科学文化素养，从而形成对大自然深厚广泛的人文情感。美术教育以"面向全体、综合提高、主动发展"的教育三要义为基础，以"愉快地学习、探究性地学习、合作地学习、综合地学习"的方式提升基本的美术素养。基于此，笔者在多年的教学实践中，通过对美术教育教学理论的不断探索，结合"图像识读、美术表现、审美判断、创意实践、文化理解"五个方面的基础素质，提出美术课堂教学中应体现以"美"为主线的学科特点与教学思想，培养学生的审美能力与创造能力，最终实现学生各项能力的提升。

二、形成以"美"为主线的学习行为

以"美"为主线的学习行为的核心内涵是：通过各种学习活动引导学生认识物物之美，了解美在何处，提升对美好事物的认识，进而认识美的现象、美的行为，使美育外化于形、内化于心，达到精神美与心灵美相通。通过"激趣美—发现美—探究美—欣赏美—创意美—提升美"六大模块引导学生愉快地学习、探究性地学习、合作学习、综合学习。

1."激趣美"

初中学生的理性思维能力较小学时期有明显进步，但其强烈的求知欲与好奇心依然不减，教学中只要抓住学生这一特点，运用各种教学手段与方法使美术学科的知识传授具有趣味性与艺术性，便能有效地激发学生浓厚的求知欲与学习兴趣，促使他们积极探索未知、获得知识、提升能力、培养情感、创新思维。在这个模块的教学中，教师要抓住学生的兴趣点，有意识地利用活动、游戏等形式，引导学生快速进入学习状态。

2."发现美"

所有美学的源头都源自实际生活，美一直都在生活中。美术教育最主要的任务之一，就是让学生能够有看到生活之美的双眼，以各种方法指导学生利用专业的美术知识去了解日常生活中各种各样的美，具备更准确地分辨生活中美的事物、行为的能力。

3."探究美"

美术教学中所展示的形象场景在调动学生感受的同时，也给学生一定的想象契机，并通过引导学生自主探究性练习，提高训练学生的想象力和解决问题的能力。在课堂上，教师要适时把握时机，有效地把教学内容、所创设的情境、学生头脑中的想象有机结合起来，引导学生有目的地观察思考、探究问题，在各种情境与活动中体验学习乐趣，获取学习经验。

4."欣赏美"

美术教育的主要目的之一就是训练学生鉴赏美的能力。在教学中，如何将生活实际与美术知识有机结合，进行转变融合，是美术教学中引导学生学会欣赏的关键。教师可通过多种形式进行教育，引导学生把生活的体验与态度当作与知识交流的桥梁，把知识和生活实践有机融合，形成绘画认知系统，掌握绘画的内容，享受绘画的快乐，增强对美术作品的理解和鉴赏能力。

5."创意美"

美术教学不能脱离实际，必须和实践紧密结合，与学生生活紧密相连，将美术知识与个性创作相结合，教学中可以指导学生进行实践操作，并有意识地引导学生以合适的表现形式来表达自己的审美观点、创新思维，以此有效培养学生的创造力与实践意识，使学生积累实践经验的同时，提高美术表达能力。

6."提升美"

教学内容的丰富性决定了学生所获得的不仅是技能知识，更是情感的升华与感悟，因此需要加强美术教育和学生生活之间的联系，以多样教学手段彰显美术教育的文化意蕴和独特的风格，提高学生对生活的感悟，所以美术课堂的广阔意蕴能够开发学生丰富的想象力与创造力，促进学生的全面均衡发展。

三、构建初中美术课堂 24 字教学模式流程

1. 初中美术教学的基本架构

初中美术教学以"课前资料学习—课中小组探究—课后拓展实践"三个层次为基本结构，课前、课中、课后环环相扣，以层次递进的纵向课程结构和横向的教学活动相结合，呈现以学生为主体、教师为导向、探究为主线的教学思路。

（1）**课前资料学习**。自主学习是学习方法改革的核心，目的是实现学习方式的转变。坚持课前进行资料搜集和自主探讨，这是首要环节。课前自主学习，目的是搜集材料，为课堂做准备，掌握学习的主动权，总结和提炼问题，为合作互学打下基础。

（2）**课中小组探究**。小组学习是教学方法改革的核心，目的是实现教学方式变革。小组教学以探究与运用课堂知识点为基础，以目标设计为先导，以教师之间、学生之间的协同为基础，以设计各种教学活动为主要的课堂组织手段，以研究为基础教学形式，以指导学生学习方法和探究行为为评判准则，以培养学生的审美能力和艺术综合素质为基本目标，通过短时、高效、趣味的教学，建立"组内成员合作，组间成员竞争"的教学管理模式。遵循"三主一核心"原则，即以教师为主导、学生为主体、问题为主线、思维训练为核心，在创设的情境中观察、感受各种美术作品，讨论探究。

（3）**课后拓展实践**。拓展实践为学习强化阶段，坚持知识点全覆盖、突出重点、突破难点、作品形式灵活多样，以文化提升、情感感悟、生活实践为主，体现美术课程的人文性、探索性、审美性。拓展实践的目标是努力化知识为能力，让学生通过实践探究来巩固基础知识，提高基本技能，从而形成审美意识、创新意识。

2. 初中美术教学的六个环节

美术教学以三层次架构为基础，在具体的课堂教学中，实施六环节教学，从横向上优化课堂教学。

以"美"为主线的教学模式，通过"艺美、阅美、寻美、赏美、创美、尚美"等学习活动，引导学生学习、掌握各种美术知识与技能，达到"引导、感悟、探究、启智、达意、提升"的学习目的。

（1）**艺美引导**。课堂教学讲究艺术性与趣味性结合，运用新颖的教学方法引领学生进入学习状态。教学实施前的导入部分犹如演出之开场白，将观众引入剧情，所以艺术性的课前引导设计是使教学进入正轨、学生快速融入学习氛围的有效方

式。"艺美引导"可利用音乐、诗歌、游戏、多媒体技术等形式，引领学生进行主题的认知，调动学习的积极性；与各种美术知识相结合，培养学生的情感功能，为下一步学习打下基础。这种在艺术情境中激发兴趣、开阔思路的教学方法，能激发学生的学习兴趣，使之最大限度地获取知识。课前引导无论采取哪种形式，在实施过程中都要注意所设计的活动应与本课内容相关，时间适宜，不可过长。

（2）阅美感悟。"阅"有"查看、经历、总聚、汇集"的含义。绘画也是视觉艺术，学生往往通过观察来了解美术作品，为延续学生的学习热情与审美兴趣，在"阅美感悟"环节，教师可创设情境，以创造性的方式进入学习新知部分。当然，其他多种教学形式，如观看PPT、观察与课堂教学内容相关的实物、阅读资料、触摸真实景物，同样可以调动人的感官，在脑海中对美术作品形成初步印象，使学生在掌握基本知识的同时，提高审美鉴赏能力，拓展艺术创新思路。

（3）寻美探究。探究性学习活动是教学中常用的一种学习方式，在小组合作探究的氛围里引导学生学会运用知识，展开想象，积极进行思考与探索，增强团队合作意识，主动地去寻找答案，轻松愉悦地理解和体会知识。探究性学习活动可根据本学科特点灵活设置，可以设置活动、游戏等形式，在触摸、观察中引导学生通过启发、思辨、质疑等过程形成自己的认知，寻找和感悟"美"之所在，感受不同形式的美，了解不同艺术作品的概念、材质与特点。

（4）赏美启智。"赏"即"鉴赏、欣赏"，是学生对美术作品进行欣赏、评析。艺术教育的实质是审美观教学，随着社会经济发展与文明程度的提高，审美观教学已由纯粹的艺术作品鉴赏逐渐趋向实用性。美术教学中的赏美启智是指通过对部分知识点的探究性学习，通过游戏的方式逐步提升学生对知识点的掌握水平，使学生对作品从情感理解逐步提高为理性感知，启发创造性思维。这部分最常用的学习方法包括赏析图片、分组讨论作品并简单阐述。

（5）创美达意。创造性是一项综合性本领，是指形成思维、开发和创造出新事物的才能。一个具备创造性才能的人往往能摆脱思维定式、传统观念及习惯行为的束缚，发现新的关联，产生新的思想与作品。培养创造力、开发并提高学生的认知水平与形象思维能力，是新课标中对美术课堂的要求。在此环节，学生在学习、探究的基础上，利用所学知识感受现实，实践认知，引发思考，从而产生创造性兴趣。本环节通过自评、欣赏作品、教师评价、学生评价等方式使学生进一步感受美术作品，自由创意、自主学习，在活动中认识自己、肯定自己。

（6）尚美提升。美术课堂教学的提升总结部分，以"尚美"为学习理念，提升学生的审美品位。"尚"是崇尚、尊重、推崇的意思，尚美提升是依据美术学科特点，在本课学习内容的基础上，以图片、视频、音乐、戏剧等活动为载体，向学生展示更高一层的学习内容，目的是开阔学生学习视野，拓展学生的知识维度，提升审美水平和对美的感悟能力。同时，还可帮助学生开展发散性思考及迁移性练习，让他们真正将知识点消化吸收。

第三节　实践过程与方法

一、理念先行，科学构建学习方式

美术教育以艺术为基础获得德育效果并促进学生身心健康。其作用主要包括：促进思想道德的发展；推动情感和审美的发展；促进智力发展；促进人格与心理发展；促进个性和创意能力的发挥。在"以美育人"思想主导下，笔者带领美术组教师及工作室全体成员，成立课堂教学模式研究团队，遵循"理念先行、分层推进、合理运用、引领示范"的原则，统筹规划教学、研讨、讲座等形式，提升教师教育水平，强化美术教育功效，实现学科核心育人价值，促成学生的主动发展与全面提高。

转变"教"与"学"的方式是实践初中美术课堂 24 字教学模式的根本共识，教研团队从"教"与"学"两个维度进行了规范和引领，研创了"艺美引导、阅美感悟、寻美探究、赏美启智、创美达意、尚美提升"六个教学环节，对教材解读、教学案书写、目标的制定、问题与练习的设计、课堂教学的评价、学习小组建设、课堂文化创建等方面提出了指导意见，同时，采取"分层集合，稳步推进"的原则，按照不同年级的认知与欣赏水平，以"美"为主线，通过"阅美"去感悟作品的魅力，以"寻美"活动养成探究的习惯，用"创美"环节实施创意表达，以各种形式引领学生巩固知识，开阔视野，崇尚美的事物。

二、强化培训，优化教师队伍建设

一是大力开展教师专业培训活动。以教育常规为载体，大兴阅读之风、反思之风，尽力营建浓厚的良好阅读氛围，积极地建立社会组织，转变教学思想，努力提高教师的专业化发展水平。

二是组织教师开展专业理论知识和专业技能考试与考核。认真学习初中美术课堂24字教学模式，重点解决课前、课堂、课后的现实问题，积极实践。

三是全面启用模块设计。教学设计内容具体，记录教学模式详细过程，让教师在教育教学过程中得到评价激励，促进自身的不断成长。

三、重点突出，全面推行教学模式

一是全面进行集中备课。集体备课是保证24字教学模式有效实施的前提，是提高教师执教能力的重要途径。我们的做法是："二次""三定""四统一""五步骤"。"二次"：一次备课，一次反思；"三定"：定时间，定内容，定主备人；"四统一"：教学进度统一，教学目标统一，教学重点、难点统一，作业效果统一；"五步骤"：个体主备—备课组讨论—形成个性化教案—课堂实践应用—评估反思提升。这样做的目的是力争使集体备课过程成为教师合作、实践、课堂创新的教研过程，从而提高教师业务素质和理论水平，落实六个环节在教育教学中的应用，切实提高课堂实效。

二是依据模式打造精品课堂。艺术教学的开展对于中小学生审美水平的培养、学习技能和工作技巧的提高以及价值观的形成有着积极的作用。美术课程具有的全体性、素质性特征使得美术学科教学越来越具有综合型特色，在义务教育阶段，美术教材的内容与形式更趋于开放性与地域性，所以教师可根据教学内容、教学目标、学生能力及教学环境等来进行教学情境的创设。24字教学模式依据教学大纲与新课标要求，规范并创新教师教案撰写，细化六大学习模块，根据所教内容每个模块都紧扣主线，围绕知识点从"设计思路、设计意图、活动设置、问题设计"四个方面安排教学内容，为模式总框架的构建提供了基础支撑。教师清晰条理的教学思路，有助于在课堂上精讲精练，消除学生厌听厌学情绪，优化课堂教学，打造精品美术课堂。

三是转变学习方式。传统的教学方法已经不能激发学生对美术学习的兴趣，单一的学习方式也已经不能满足学生对美术未知领域的好奇与探索愿望。24字教学模式注重高效课堂的教学连贯性，在上课之前确定教学规划，做好学具、教具准备，在学习材料和心理活动方面进行充分准备，在课堂教学中以各种方式引导学生、认知感悟、善于探索、欣赏启智、表情达意、审美提升，教给学生学会研究，指导学生探究新知识，带领学生进行审美提升。这种基于24字教学模式的学习方式，发挥了学生的学习主体性，让学生体会到学习的趣味。教师在课堂中要以年级的差异作为教学资源，并通过合作读书、探究学习的方法，让学生在课堂学习中学会审美、在课堂审美中学会学习。

四、明确策略，积极转变教师角色

一是教师必须是学生的合作伙伴、参与者和指导者，而教育活动则是教师与学生互动式、协同参与的交互工程，教师与学生双方互教互学，共同构成了真实的"教学共同体"。24 字模式的运用也促进了教师的角色转变，成为学生提升学习技能、创造能力、自我展示能力的过程。在此过程中，学生的美术技能得到提升，学科素养得到培养，个性得到施展，在一定程度上促进学生全面发展。

二是课堂教学追求"自由而不自流"。24 字教学模式的应用增加了课堂吸引力，教师引领，学生创作，把时间交给学生，保证互动交流、合作探究的有效开展；运用各种形式展示教学成果，把抽象的内容和学生们具体的现实生活联系起来；在教学中运用各种教育技术手段，让课堂教学变得更富有现代气息。

三是教学目标及过程做到"简约而不简单"。24 字教学模式灵活运用了"先学后教，合作学习，主动探究"的教育理念，将时间充分留给学生探究。教学目标有机整合"三个维度"，在基本知识、基本技能的强化中渗透德育教育，教学过程扎实而简便，抓住观察、审美、创造等美育活动进行适时教育。

四是整合课程与信息技术资源，"基于教材而不止于教材"。根据现代教育目标的要求和课程设计的实际需要，适时对课程进行艺术化处理，运用信息技术辅助美术课程教学已成为时尚风潮。

五是加强学习交流，"基于教师而不止于教师"。课堂教学受教师本身已有知识经验及认知结构的限制，教师课前需要尽可能地学习更广泛的学科相关知识。教师开展各种教学研讨及学习活动，拓宽视野，丰富认知，运用 24 字教学模式开设丰富多彩的美术教学活动，以美育人，以美化人。

六是树立"美育"观念，"基于课堂而不止于课堂"。扩大课堂宽度，做到课程互补，引领学生着眼于课内外，立足知识，放眼未来，引导他们在多姿多彩的自然、人生中找到生命中的美之所在，从而学习美术、创造美术。

第三章

初中美术课堂 24 字教学模式
在学习领域中的应用

3

第一节 "造型·表现"学习领域中的模式应用

教学设计1 春天的畅想——色彩的魅力

教材分析

本课可引导学生留心观察自己的周围环境,注意大自然色彩的变化,与同学交流对色彩的感受。结合教材第8页提供的描绘春天的作品欣赏,谈谈画面色彩给自己的感受,使学生发现春天的色彩是丰富多彩的,我们生活在一个斑斓的色彩世界里。教学中教师可以结合学生的生活经验,启发学生观察生活,交流色彩给自己心灵带来的触动,探讨色彩知识以及色彩与人们生活的密切关系。

教材提供了一幅示意图,表现了色相、明度、纯度的原理和色彩三要素相互之间的关系。而对于对比色与类似色知识点,课本则运用了自然实景照片配合色彩分析图例的方式,既揭示了这两种色彩现象在自然界和生活中的存在,又呈现了这两者所产生的不同的视觉感受及其原理。掌握这几个知识点,可要求学生运用这些色彩原理画一幅装饰画,造型形式不限,可以是具象的物体或景象,也可以是抽象的任意形象。

学情分析

六年级的学生已经具备了初步的艺术欣赏能力和动手能力,而且对美术课有极大的兴趣,特别是关于春天的学习内容贴近学生生活,所以本节课的学习和体验对他们也有很大的吸引力,兴趣提升有利于教学的顺利进行。同时,新教材增强了课程的开放性和弹性,在基于教材而又不拘泥于教材的基础上,为学生开拓了创意的空间,充分体现出学生的主体性地位。基于此,在本课的学习中,根据学生特点,以灵活的教学方法引导学生学习与创作,让他们在掌握知识的同时提高创意美化生活的意识。

教学设计思路

本课抓住学生兴趣点,以"诗、画"赏析为主线,结合有关春天的照片、音乐、文章片段等相关的资源，以有趣的方式创设情境，在轻松愉悦的学习氛围中学生展示课前搜集的有关春天的各种资料，然后出示色彩图片，了解色彩相关知识，并通过色彩联想使学生在了解春天的色彩特点的同时，感受色彩的魅力所在以及表现春天景象的形式。为开阔学生的审美视野、根植爱国情怀，最后的尚美提升环节播放祖国多彩春天的画面，激发学生的爱国热情。

课件设计流程

本节课课件运用菜单交互式，集音乐、绘画、照片、古诗为一体，首先以色彩图片引入课题，学生上台用多媒体展示课前搜集的各种描写春天的资料——图片、美文、音乐、绘画作品等，接着播放表现春天的绘画作品进行赏析，引出色彩表现图片，了解色彩的相关知识，随后观看水中作画视频，引发学生学习兴趣，最后欣赏视频《祖国的春天》，结束本课。

三维教学目标

知识与技能：通过对春天色彩的感知和对美术作品的欣赏，学习色彩在绘画作品情感表达中所起的重要作用。

过程与方法：运用所学色彩知识，绘制装饰画，进行色彩构成练习，尝试用色彩表达内心的感受，领悟色彩的表现力。

情感、态度、价值观：在对色彩的探究中感受色彩丰富的表现力，激发研究和运用色彩的兴趣和愿望，并自觉养成观察、分析周围色彩并勤于进行色彩表现的学习习惯。

教学重点：理解色彩在绘画中的重要性，掌握色彩刘比与协调的方法，结合生活经验进行表达色彩心理联想的练习。

教学难点：将色彩体验与生活实践相结合，并能基本掌握色彩应用的规律。

教具准备：大自然春天景色及社会生活场景的图片和视频片段，表现春天的中外艺术家作品图片，多媒体课件，装饰画，色彩构成范作，颜料，图画纸和画笔等。

学具准备：水彩笔、搜集的关于表现春天的材料。

教学实施过程

（一）艺美引导

设计思路：PPT 中有关色彩的图片与香味儿结合，通过视觉与嗅觉感受引发学生对色彩的联想，激发学生浓厚学习兴趣。

设计意图：运用直观感受，提升学生兴趣点，快速进入学习阶段。

活动设计：屏幕播放有关色彩的图片，同时放置香料，请学生感受一下并说出联想到什么物品或景象。

问题设计：该怎样表现春天？

（教师拿出香料，PPT 出示几个颜色图片）

师：同学们闻到什么味道了吗？（学生回答）对！是一种清香的味道。结合我们的色彩图片，大家闭眼联想一下，会想到什么物品或景象？（学生闭眼想象并回答），嗯，青苹果的味道、花香的味道……大家的联想很丰富，我觉得这些都是春天的味道。春天是鸟语花香、色彩缤纷的季节，人们用各种方式来表达自己对春天的热爱。现在，春天已来到我们身边，该怎样表达对春天的喜爱呢？这节课我们就来共同畅想春天，感受色彩带来的魅力。（板书课题：春天的畅想——色彩的魅力）

（二）阅美感悟

设计思路：阅美感悟阶段主要通过学生展示自己搜集的描写春天的素材，以各种方式感悟春天的美好。

设计意图：通过学生介绍，赏析诗词、文章、音乐、舞蹈、绘画等作品中赞美春天的内容，借景抒情，感受春天的美好与魅力。同时，小组合作可以增强学生的团队意识与协作精神。

活动设计：学生分组展示自己搜集的有关春天的作品。

问题设计：春天的魅力在哪里？

师：春天是美好的，人们对春天的抒怀和联想有着丰富多样的表现形式，沐浴在春的阳光里，荡漾在春的微风中，人们以各种方式歌颂、赞美春天。现在，我们就把课下搜集的有关描写春天的资料以小组为单位展示一下吧。

（每个小组派代表展示并讲解：一组展示搜集的有关春天的古诗词；二组展示表现春天的绘画；三组展示表现春天的音乐和歌曲；四组展示描写春天的美文片段……）

师："竹外桃花三两枝，春江水暖鸭先知。蒌蒿满地芦芽短，正是河豚欲上时。"从刚才大家展示的作品中，我们看到了春天的美丽，感受到了浓浓的春意，春天的魅力在于它有旺盛的生命力与蓬勃向上的精神，而这些都离不开色彩。大家看这幅法国画家毕沙罗的《菜园和花树·蓬特瓦兹的春天》，它的色彩有什么特点？给你什么样的感受？（学生讨论并回答）春天是五颜六色的，但春天的主打色还是绿色，许多绘画作品表现春天是以绿色为主，画家在这幅画中运用轻松的笔触、微妙的色彩过渡，为我们展现了充满勃勃生机的春天景象，舒适、惬意。

（三）寻美探究

设计思路一：赏析两幅绘画作品，评析画家在作品中运用造型与色彩表现春天的方式方法，感受并理解画家在作品中对春天的情感表达。

设计意图：通过赏析名家作品，感悟画家情感与思想的表达方式，理解色彩在绘画表现中的作用。

活动设计：学生赏析名家作品《春天·大水》《菜园和花树·蓬特瓦兹的春天》，感受作品表现春天景象所运用的色彩。

问题设计：画家运用什么色彩来表现春天的景象？

师：刚才同学们用自己搜集的材料，向大家表达了对春天的热爱，我们看一下画家们是怎样用画笔表达他们的春日情怀的。（课件播放不同风格、不同形式的美术作品，先进行欣赏，然后定格作品，分类赏析）

师：请看这两幅作品，《春天·大水》《菜园和花树·蓬特瓦兹的春天》，画家运用了什么色彩，从几个角度表达了他们对春天的感受和理解？（学生回答）大家回答得比较到位，俄国画家列维坦绘制的《春天·大水》这幅作品，画面色调清新，运用碧蓝色和嫩绿色表现春天的天空与树林，远处森林的棕黄色又拉远了空间感，画家在作品中营造出的悠远、宁静却蓄势萌动的气氛，让我们感受到春天的魅力。法国画家毕沙罗创作的油画《菜园和花树·蓬特瓦兹的春天》则用欢畅的笔触讴歌春天诱人的景色，画家用细小的笔触点画造型、微妙的色彩过渡配置，给人以轻松、愉快、充满生机之感。

设计思路二：观看水中作画视频，请学生观察颜色在水中的变化，引导学生认识并回顾有关色彩的相关知识。

设计意图：抓住学生兴趣点，以视频的形式学习色彩知识，启发学生的创意思维。

活动设计：PPT 播放画家在水中做水墨画的视频，学生观看后分析色彩在水中的变化，认知色彩明度、纯度等知识。

问题设计：色彩的三要素是什么？

师：画家作画的方式很多，有在纸上画的，还有在水中作画的。大家想不想一睹奇观？我们来看段视频（PPT 播放水中作画视频），请同学们仔细观察，随着时间的流逝，画中的色彩有什么变化？（学生观察并回答）刚画上的颜色很重，那是因为色彩的纯度很高，就如我手中的杯子，里面是纯度很高的红色液体，我向杯中加上一滴蓝色液体（教师向杯中加蓝色液体），颜色有点浑浊，我们就说红色的纯度降低了。色相、纯度、明度我们统称为色彩的三要素。请看书本上的色相环，请大家快速了解、掌握色彩三要素及色调、对比色、类似色等色彩概念。（学生看书，自学色彩知识）

（四）赏美启智

设计思路：学生对色彩进行联想，了解色彩的相关知识，教师引导学生分析抽象绘画作品中的造型与色彩，认知其色彩特点。

设计意图：通过色彩的自我联想及对色彩构成的赏析，感悟画家情感与思想的表达方式，感受抽象绘画作品的艺术感染力。

活动设计：学生先进行色彩联想，随后分析作品《人勤春来早》的色块构成。

问题设计：画家是运用什么色彩来表现春天景象的？

师：色彩是阳光赋予万物的颜色，在视觉上具有先声夺人的作用，它千变万化，像一首无声的诗，点缀着我们的生活。老师相信，每位同学在生活中都有自己喜欢的颜色，哪位同学愿意把自己喜欢的颜色分享给大家？（学生举例自己喜欢的色彩并进行景物联想）

师：同学们的联想很丰富，色彩本身并没有感情，之所以有感染力，是由于人们会随之对某些事物产生联想，如果在绘画时能合理利用色彩的这种心理效应，会增加作品的艺术感染力。

我们眼睛看到色彩的同时，会自觉地把色彩和自己以前看到过、接触过的有相似色彩特征的事物形象地联系起来，而这种联想又因每个人的生活阅历、情感经验、知识结构、思维方式的不同而产生一定的个性化差异。正是这种联想，使色彩具有了强烈的影响力，影响着人们的心理感受。画家也正是运用了色彩的心理联想，来表达不同的情感。这幅作品（PPT打出《人勤春来早》）中，画家运用了哪些色彩？画出了春天的哪些景色？（学生回答）对！山峦、桃花、河水等。作品中运用了不同层次的绿色、红色、浅褐色等颜色来表现春天，如果我们选择用色块或抽象形象来进行表现，效果会是怎样的呢？（PPT出示《人勤春来早》的色彩构成稿与抽象色彩稿）

师：这两种表现形式和刚才的形式相比有什么特点？它们有没有画出具体的事物？（学生回答）大家说得好极了，没有画出具体的事物，这两种表现形式可以让人自由联想，想象的空间更大、更广阔，使事物妙在似与不似之间。我们在进行艺术创作的时候，也可以运用这种意象化的表现形式，让你的思绪自由驰骋。这种意象的表现手法，可以利用色彩更直观地表达情感与思想。

（五）创美达意

设计思路一：学生体验不同味道并用抽象的绘画形式将其表现出来。

设计意图：运用味觉刺激，引发学生兴趣，激发创作欲望，体验创作的乐趣。

活动设计：教师在每个小组桌子上放一些水果，学生品尝后，以抽象绘画的形式，用色彩把尝到的味道表现出来。

师：闻到花香，我们想到了春天，并且用色彩表现出来，那味道可不可以呢？请同学们品尝桌子上的水果，尝试一下能否用色彩将味道表现出来。（学生品尝水果并开始用色彩来表现酸、甜等味觉，教师巡回指导）

设计思路二：师生评价作品，发现优点，找出不足，提出建议。

设计意图：巩固本课所学知识，锻炼学生用色彩表现感觉的能力，培养创新思维与想象表现能力。

活动设计：学生对作业自评、互评，然后教师点评，表扬优点，指出不足之处并提出修改意见。

师：同学们对完成的作业进行了点评，发现了许多好的地方，如线条绘制流畅，色彩的运用能凸显甜、酸、辣的感觉，给大家点个大大的赞。但还有一些不足之处，如构图不太饱满、涂色不均匀，这些还是需要多加注意的。希望在以后的绘画中大家再接再厉，画出更好的作品。

（六）尚美提升

设计思路：欣赏《祖国的春天》视频，拓宽视野，感受春天的美丽与祖国欣欣向荣的美好景象。

设计意图：通过欣赏祖国的春日美景，培养学生养成观察生活、热爱生活的习惯，珍惜当前美好生活，厚植爱国主义情怀。

活动设计：学生观看《祖国的春天》视频，了解祖国大江南北的春日景象。

师：今天通过这节课的学习，我们充分感悟、体验了春天的魅力，特别是观看的这个视频，更是让我们看到春的勃勃生机与祖国大地的美丽景象。同学们现在正值人生的春天，我们的祖国正值开放的春天，欣欣向荣。在这美好的时代，我们更应该珍惜春光，用心去感受春的美丽，创造美好的生活。

寻艺尚美

板书设计

春天的畅想——色彩的魅力

色彩三要素:

1. 色相:不同色彩的"相貌"。

2. 明度:色彩的明暗、深浅程度。

3. 纯度:色彩的饱和度。

教学评价

本课教学手段多样,活动丰富,在展示学生搜集的赞美春天的古诗、美文、音乐、绘画等作品的同时,通过闻香味儿、观察图片和视频、尝水果等活动,以丰富的教学手段带领学生学习色彩的相关知识,认识色彩在绘画中的魅力,感受春天的美丽,充分调动学生学习积极性,教学效果明显。不足之处:最后作业时间紧促,完成得不是太好。课堂学习时间把控还需要加强。

教学设计2 感受色彩

教材分析

根据新课标中对该学习领域的阶段性目标要求,本课应侧重于让学生认识色彩、了解色彩知识的基本术语及基础知识,进而培养学生对色彩的艺术感受和表现力。本课主要通过对色彩运用实例的分析启发学生构思,通过分析和讲解色彩基础知识和运用,采取多种方法引导学生形成对色彩的感受,提高学生对色彩的认识和使用技巧。

学情分析

初一学生已基本脱离了儿童阶段的心理和生理特点,对事物的认识逐渐从以感性认识为主转向理性认识,并且随着阅历和知识的累积,色彩喜好倾向和色彩审美意识得到发展,对色彩的知觉性、情感性、象征性也会有较为深刻的认识和理解。

在本课中,考虑到初一学生具有一定的视觉体验,对色彩较为敏感,因此选取了色彩倾向较为明显的图片,用感悟的方法来激发学生的学习兴趣,让学生在情境中认识、感受、体验、创作色彩。

教学设计思路

本课创设以色彩为主线的情境,引导学生了解三原色、三间色等色彩常识,并通过视频、魔术、小游戏等丰富教学环节和内容，以多种教学方法相互贯穿并加深学生对色彩的理解，达到寓教于乐的目的。最后，教师引导学生对本节课所学知识进行归纳整理，培养学生欣赏美、发现美、创造美的能力。

课件设计流程

本节课课件运用视频、音乐与画面相互穿插等形式，营造学习氛围。首先，以色彩丰富的视频，引发学生兴趣，进入本课的学习；随后，通过图片对比感知冷、暖色，并播放爵士乐，以图片结合音乐去表现色彩的游戏进行情境教学，引导学生尝试用色彩表达感受；然后，欣赏色彩图片，了解关于色彩的知识；最后，欣赏视频《城市点亮色彩》，通过视频深化本课内容，让学生通过学习对未来美好的生活充满向往和热情。

三维教学目标

知识与技能：学习色彩基本知识，能够掌握三原色、三间色、类似色、对比色的相关知识。掌握调色技能，并能运用色彩的相关知识进行表现，培养学生对色彩敏锐的观察能力。

过程与方法：通过认识、感受、体验、创作色彩等环节，让学生在愉悦的氛围中探究，从而掌握基础的色彩知识，并能用色彩表达自己的心声。

情感、态度、价值观：观察欣赏自然界、艺术作品中的不同色调，提高色彩审美意识，激发学生热爱生活的情感。

教学重点：引导学生进行色彩的调和、搭配；培养学生爱色彩、善于动手、善于观察、善于动脑的能力。

教学难点：色彩的调和；利用色彩的冷暖知识、色彩的联想等表达自己主观情感。

教具准备：课件、三朵纸花、色彩丰富的小玩偶、画板、画架等。

学具准备：水粉笔、水粉颜料、空白生活用品等。

教学实施过程

（一）艺美引导

设计思路：以广告视频进行导入，引导学生认识色彩在装点、美化生活中所起的作用，引出课题。

设计意图：充分利用生活情境，将与生活有关的广告引入本课，让学生畅游在五彩缤纷的世界里，感受色彩的魅力，引发联想，从而更好地融入课堂。

活动设计：学生观看视频引发对色彩的联想。

问题设计：你看到了什么颜色？你从这些色彩中感受到了什么？

（播放某广告视频，学生观看，留意视频中出现了几种色彩）

师：色彩带来灵感，色彩带来创意，五彩缤纷的色彩装扮了我们的生活。现在，就请大家跟随老师一起走进绚丽的世界，认识色彩、感受色彩。

（引出课题：感受色彩）

（二）阅美感悟

设计思路：认识色彩——学生试着说出三原色的概念，并通过小游戏认识三间色，激发学习兴趣。用学生搜集的作品中绚丽的色彩进行对比，引出对比色和类似色。

设计意图：让学生参与到课堂中来，激发探究欲望，更好地接受新知识。提高学生学习兴趣，让学生在游戏的氛围中巩固所学三间色知识。观察分析实物，让学生感受生活中色彩的协调与柔和、强烈与刺激，进一步了解色彩知识。

活动设计：（1）小魔术：在三朵纸花上喷水，引导学生说出三间色（橙、绿、紫）。

（2）小游戏："看谁的反应快？"展开小组竞赛，看哪个组说得又快又好。

（3）小组观察色彩丰富的小物品，讨论对比色和类似色。

问题设计：色彩的三间色是哪些？

师：同学们，看看老师给你们带来了什么？没错，是三朵小纸花。我们一起说出它们的颜色。（生：红色、黄色、蓝色）对！这三种颜色就是三原色。接下来，给大家带来一个小魔术，请大家睁大眼睛，观察里面的玄机。（教师在纸花上喷上带颜色的水，学生观察并回答）是的，红、黄、蓝三朵纸花喷上颜色，红加黄变成橙，黄加蓝变成绿，红加蓝变成紫。三原色之间互相融合得出的橙、绿、紫被称为三间色。

不同的色彩可以产生不同的视觉效果，请大家仔细观察我们课桌上的物品，哪几种颜色放到一起会给我们带来协调与柔和或强烈与刺激的感受呢？我们每人手中拿一彩色拉花，当我说出相应颜色，大家举拉花响应。看哪个组说得又快又好。（学生根据教师说的，快速举起同色的拉花）

（三）寻美探究

设计思路：感知冷、暖色，通过图片对比引导出色彩的冷暖。

设计意图：色彩鲜明的图片，让学生直观感受冷色和暖色的对比。

活动设计：利用PPT展示冷、暖色图片，学生观察。

问题设计：除了类似色、对比色，还有哪些色彩能带给我们一些特殊的感受？

师：（PPT 出示冷、暖色的图片，学生讨论其有什么不同）在服装、建筑、家居、美术、广告等设计中越来越多地运用冷、暖色。红、橙、黄、棕等色往往给人热烈、兴奋、热情、温和的感觉，所以将其称为暖色。绿、蓝、紫等色往往给人镇静、凉爽、开阔、通透的感觉，所以将其称为冷色。色彩的冷暖感觉又被称为冷暖性。色彩的冷暖感觉是相对的，除橙色与蓝色的色彩冷、暖区别较为分明之外，其他许多色彩的冷、暖感觉都是相对存在的。

（四）赏美启智

1. 联想色彩

设计思路：通过音乐和季节来表现色彩的感染力。

设计意图：（1）让学生从多方面感受色彩带给我们的魅力。

（2）播放音乐，让学生畅谈对四季的感受，引导学生能够利用色彩来表现自己的主观感受，为下一步创作提供储备。

活动设计：（1）播放爵士乐，尝试用色彩表达感受。

（2）出示四组作品，引导学生说出春天的色彩。

问题设计：（1）看到这么漂亮的色彩，你能联想到什么物体或者有什么感受呢？

（2）春天除了有五颜六色的花朵，它的主打色是什么呢？

师：（1）看到这么漂亮的色彩，你能联想到什么物体或者有什么感受呢？（播放爵士乐）如果是你，打算怎么表现这段音乐？

（2）色彩除了能表现音乐，还可以表现四季美景。春天有五颜六色的花朵，但它的主打色是什么呢？（学生思考后回答）

2. 创意色彩

设计思路：三朵小花的背后隐藏着本节课的重点和难点，在游戏的同时巩固本节课知识。

设计意图：在享受色彩的同时，巩固所学色彩知识。

活动设计：学生抽题，回答，巩固所学内容。

师：自然界有着丰富的色彩，缤纷的色彩又能让我们产生各种感受，我相信现在我们每个人都可以做色彩小顾问了。白板上的三朵花里藏着三个小题签，哪个同学敢于挑战一下？（学生抽题并回答）

（五）创美达意

设计思路：表现色彩——体验创作的乐趣，装扮并点亮生活。

设计意图：体验创作的乐趣，感受色彩带给我们的魅力，小组合作使学生在学习过程中能够相互交流和互动，培养合作学习的能力。

活动设计：利用所学色彩知识，以小组为单位，合作装扮生活中单调的物品。学生在展示的过程中，感受创作的收获和喜悦，并能用语言表达自己的色彩感受。小组代表展示本组作品，自评、学生互评，教师总结。

师：同学们，接下来带着我们不同的色彩感受，用我们喜欢的形式，装扮手中空白的物品吧！（学生开始创作，教师巡回指导）

（六）尚美提升

设计思路：课程最后通过视频的形式引导学生感受色彩、认识色彩。

设计意图：通过视频深化本课课题，让学生通过学习对未来美好的生活充满向往。

活动设计：欣赏视频《城市点亮色彩》。

板书设计

感受色彩

1. 三原色：红、黄、蓝。

2. 三间色：橙、绿、紫。

3. 对比色、类似色。

教学评价

本课通过形式多样的活动和丰富的图片，让学生多角度地感受色彩，激发学生的学习兴趣和探究欲望。在课堂作业环节，让学生直接在空白的生活用品上涂上美丽的色彩，表达自己的感受，在学生获得成功感和创作喜悦的同时，美化我们的生活和学习环境。这节课是一节欣赏课和评述课，欣赏课满堂进行作品分析和理解难免显得有些枯燥，学生可能不会太感兴趣，所以在通过作品介绍渗透色彩的三种表现形式的时候，要在课堂中尽量给学生留出大部分时间进行实践创作，在创作中感受色彩的魅力，以及三种不同色彩表达方式的不同，再通过师评、自评、互评的方式，进一步巩固知识点。不足之处是，课本内容比较丰富，课堂时间有限，有些作品没有做重点讲解。时间如果更充分的话，还是应该进一步强调一些知识点，再丰富一下课堂的美术作品，以更好地促进学生对于知识点的掌握。

教学设计 3　现代绘画的色彩搭配

教材分析

本课内容是初一年级"生活中的色彩搭配"等课的延伸，同时也为后面的"居室的色彩搭配"等课做一个铺垫。本课作为"色彩搭配"系列知识之一，旨在通过欣赏、分析现代绘画大师的作品，使学生了解色彩在绘画中对于作品的主题思想、情感的表述所起的重要作用。在教学中要重视引导学生从色彩的角度去欣赏现代绘画作品，让学生读懂作品，深入理解作品的内涵，并让学生在欣赏作品的基础上将学到的色彩搭配规律与生活中的设计联系起来，亲身体验如何用色彩表达自己的情感，从而培养学生对知识的运用与创造能力。

学情分析

初二学生在初一的时候已学过《生活中的色彩搭配》一课，对于色彩相关的基础理论知识有一定的基础。所以，这节课的理论就不用详细讲解了，主要是引导学生了解色彩运用，学会用色彩来表达自己的情感。但我们发现学生在小时候，虽然对于色彩知识知道得并不多，却能无拘无束地用色彩来表现自己的真实情感。随着认知能力的发展，学生反而失去了那种纯真的艺术表现能力，所以在本课如何让学生在掌握色彩搭配知识的同时，又激起学生那种纯真的艺术表现力是我们所要解决的问题，因此，要少些条条框框，多一些情感的宣泄，要让学生乐意接受这种表情达意的方式。

教学设计思路

通过欣赏、分析现代绘画大师的作品，使学生了解色彩在绘画中对于思想、情感的表达所起的重要作用。现代绘画的色彩打破了传统绘画完全遵照固有的色彩进行摹写的束缚，"运用色彩自身的视觉美感和结构规律，大胆进行组织与搭配，在表现形体与空间时，更多的是运用色相对比替代明暗"，以表现艺术家特殊的情感和鲜明的个性，从而使作品呈现出鲜艳夺目的色彩效果。学生在欣赏的基础上，可以亲身体验一下如何运用色彩表达自己的心情并将其宣泄在自己的画纸上，看看自己画的色彩能否吸引他人的目光，能否触动心灵，达到赏心悦目的效果。

课件设计流程

本节课课件注重美的呈现，采用菜单交互式，将图片、文字、视频、音乐完美融合，一开始借用《海底总动员》中鲜明的色彩对比来冲击学生的思想，让学生感觉到色彩带给我们的视觉冲击力；后面以精美图片带领学生认识和了解大师笔下的精美作品，例如凡·高的《向日葵》，从颜色的特点来分析、总结出他的绘画特点和表情达意的独特之处。以同样的方式再欣赏《高更的椅子》《阿黛尔·布洛赫－鲍尔Ⅰ》，从而引出在作品中不仅可以运用主观色彩表达情感，也可以用主观形体来表达自己对世界的感受。接下来让学生分析《曼陀林与吉他》《构图Ⅶ》，然后用一个游戏来调节一下学生的心情。而后总结出现代绘画色彩搭配的特点。接着，检测激励，运用色彩表达个性，最后成果展示，共享快乐，在互相倾诉中结束本课。

三维教学目标

知识与技能：通过欣赏、分析作品的色彩搭配，使学生掌握并了解画家用色彩来表达情感、表现物象的方式方法。

过程与方法：将现代绘画的色彩搭配与生活相结合，尝试大胆地运用色彩表达自己的心情或感受，营造出独特的艺术氛围。

情感、态度、价值观：培养学生观赏、评述的能力以及创造美的能力。

教学重点：一是把人类的情感与绘画的表现形式和色彩的感染力紧密地连接起来。二是在欣赏现代绘画作品的同时，与自己的生活实际相联系，绘制一幅作品。

教学难点：分析艺术家怎样通过色彩来表达他们丰富而复杂的内心感受。

教具准备：课件、教材、水彩笔、油画棒、圆形纸盘、白纸袋等。

学具准备：水彩笔、油画棒、画纸等。

教学实施过程

（一）艺美引导

设计思路：播放电影《海底总动员》片段。让学生观察影片中的色彩，感受色彩的美感。

设计意图：让学生直观地感受影视作品中色彩的语言，激发学生学习色彩的兴趣和探索的欲望。

活动设计：教师播放影片，学生观看影片并感受片中的色彩。

问题设计：看完影片以后有什么感受？

（教师播放动画片《海底总动员》）师：看完影片后大家有什么感受呢？（生：色彩对比鲜明；色彩冲击力强；等等）

师：我们的生活离不开色彩，美术作品更离不开色彩。色彩丰富了我们的生活，色彩丰富了美术的语言，也成为美术家抒发情感、表达思想的强有力的工具。今天，我们就一起走进绘画大师们的色彩殿堂，感受他们的语言美，倾听他们的心声。

（二）阅美感悟

1.欣赏凡·高的《向日葵》

设计思路：PPT 展示凡·高的《向日葵》，感受画家独特的绘画语言和表情达意的方式。

设计意图：感受凡·高独特的色彩语言，进一步了解画家记录自己感受的表达方式，有助于学生下一步的心情书写。

活动设计：图片展示，感受作品的色彩和笔触。

问题设计：（1）作品主要以哪种颜色为主？

（2）作品放大以后你能看到画家的笔触有什么特点？

（3）色彩的搭配怎样？

师：《向日葵》主要是色相对比。作品由绚丽的黄色色系组合而成，花瓣富有张力，线条不羁，大胆肆意、坚实有力的笔触，在明亮而灿烂的底色上构成不同的色调与气势，把朵朵向日葵表现得动人心弦。凡·高喜欢用纯色点画的绘画技术，他去掉了轮廓线，把每个形状都分解成彩色小点构成的区域，不仅使色彩化整为零，而且体现了他对光线和色彩的追求。从某种程度上讲，《向日葵》是对时代变幻莫测的礼赞，它充满活力的色彩一改 17 世纪以来荷兰花卉绘画的悠久传统。

2.欣赏凡·高的《高更的椅子》

设计思路：继续学习对比的使用，进一步感受色彩的魅力。

设计意图：通过这幅作品向学生传达一种美好的、和谐的友爱之情，进行思想教育。

活动设计：欣赏 PPT，倾听教师讲述这幅作品的创作过程，感受此作品传递出的美好友情。

问题设计：作品中的物品传递出什么样的感受？椅子、书、蜡烛分别表达了什么？

师：《高更的椅子》表现了椅子的主人高更离去后，凡·高的寂寞和孤单。放在空椅子上的书意味着巴黎的艺术界，并且暗示高更的行踪。高更对凡·高而言，就像是这张画中所表达的，是黑夜里的明灯。《高更的椅子》描绘的是高更的扶手椅，这是画家凡·高与高更分别前绘制的高更的空椅子：素朴的造型，坐垫是温暖的绿色，椅架是偏紫的蓝色，看得出两位画家惜别时的心情。两本厚书和点燃的烛台似乎传达了一种对庄严神圣的友情的呵护之心。这幅画缠缠如情书，因为凡·高想画的当然不只是椅子，他想画的是高更，可他没有勇气以高更为他的模特。凡·高自己承认："我想画的是那个空空的位置，那个缺席的人。"凡·高崇拜高更、热爱高更，这种情感在作品中以色彩的形式展现出来。

强烈的色彩对比、鲜艳亮丽的色彩搭配，是凡·高抒发情感、表达自我的重要手段。他以色彩的对比代替了明暗的对比，从而抒发了自己特殊的情感与艺术个性。

（三）寻美探究

设计思路：欣赏作品，探寻绘画作品的另一种表达方法。以学生合作学习为主、教师引导为辅，参照 PPT 中的精美图片，带领学生重点了解美术作品的功能、用途及艺术特色。

设计意图：培养学生的探索精神、表述能力，以多样的学习形式，引导学生在观察、欣赏、分析作品后，了解作品的艺术特点，激发其创作欲望。

活动设计：欣赏绘画作品《曼陀林与吉他》《构图Ⅶ》《阿黛尔·布洛赫－鲍尔的肖像》。

问题设计：（1）每幅作品各自的特点是什么？

（2）画家主要运用了哪种搭配方法？

师：（学生欣赏作品并小组讨论后教师讲解）《曼陀林与吉他》是西班牙画家毕加索在 1924 年画的一幅油画。作为立体主义画家，毕加索要求打破传统绘画的视觉一致性，表现自己头脑中重新组构而成的物象。画中的吉他、曼陀林和苹果被不同的颜色分开甚至拆散，又被重新组合在室内外的混合空间之中。从曼陀林、吉他、窗、蓝天、白云等物象到阴影，都被概括成面，虽然经过变形、夸张，但仍可辨认出。画面给人以活泼、欢畅和富有节奏的美感，甚至可唤起观赏者对热情、奔放的吉他曲的联想。

蒙德里安的《构图Ⅶ》中表现的正是追求一种视觉上的平衡，画面中红色的面积占的比重最大，但是经过蒙德里安的处理，画面最后给人的感受并不是失衡。他通过画面的探索，折射出内心，他的目标是反映生活的秩序、精神的秩序和宇宙的秩序。他从这种组合中寻求"个体与集体的平衡、物质与精神的平衡以及时间和空间的平衡"等。联系到第一次世界大战对于蒙德里安的影响，我们不难想象这幅作品的创作意图。蒙德里安想通过这样一幅画作来传达对于战争的反抗，创造一种中性的、理性的新形式，以对抗狂暴的、非理性的战争。

克里姆特强调个人的审美趣味、情绪的表现和想象的创造，他的作品中既有象征主义绘画内容上的哲理性，同时又具有东方的装饰趣味。他注重空间的比例分割和线的表现力，注重形式主义的设计风格。他那非对称的构图、装饰图案化的造型、重彩与线描的风格、金碧辉煌的基调、象征潜在的神秘主义色彩、强烈的平面感和富丽璀璨的装饰效果，使画面弥漫着强烈的个性气质，对绘画艺术和招贴设计产生了巨大而又深远的影响。画面采用了形象的对比，抽象的背景，具象的面部刻画。

（四）赏美启智

设计思路：再次欣赏和分析现代绘画大师们的经典作品，感受不同的作品中画家不同的色彩语音。

设计意图：通过本环节的学习，激发学生的创作思维，为下一步的创作打下基础。

活动设计：学生欣赏PPT中美术作品的图片，凡·高的《星月夜》《午夜的咖啡屋》，马蒂斯的《红色的和谐》，蒙克的《呐喊》等，感受作品的魅力。

问题设计：同学们从这些作品中能否总结出现代绘画的色彩搭配的特点呢？

师：（教师汇总学生的评述并在黑板上板书）现代绘画的色彩搭配的特点……

（五）创美达意

设计思路：让学生学习用绘画来表达和抒发自己的情感，学习做大师，用绘画来记录自己的生活。不一定是真实的客观物像，可以用基础的点、线、面和色彩概括性地描绘。

设计意图：学生亲身体验创作的乐趣，抒发自己的感受，感受美术创作的过程。

活动设计：学生利用自己的绘画工具或者用剪贴的形式来构思并绘制出自己此刻的心情。

问题设计：自己的作品表达了什么情感？

师：情感的表达方式有很多种，我们现在就可以用绘画的方式尝试表现一种情绪或情感。（学生创作，教师巡回指导）

师：这节课我们通过学习，了解了现代绘画中不同流派对色彩的搭配除了使用颜色的对比、颜色的调和外，还利用色彩的象征性来表达个人的情感和思想；感受到了现代绘画中色彩的运用所呈现出的强烈的视觉效果和艺术感染力，从而进一步认识色彩在绘画中的重要作用。

（六）尚美提升

设计思路：播放冬奥会的片段，感受冬奥会的设计色彩给我们的视觉冲击力。了解色彩的搭配不仅体现在绘画中，在生活中也会体现出其重要性。

设计意图：拓展学生的视野，丰富学生的绘画经验，为后面学习生活中的色彩搭配做准备。

活动设计：观看视频，说说视频中的色彩怎样凸显冬的元素。

师：色彩是以冰雪为主基调，因为是冬奥会，所以它的色彩基调是冰雪。冬奥会其实也给了我一个契机，通常在大型活动中不可避免地要五彩斑斓，因为这是中国文化的一种习惯。而这一次正好是冬奥会，所以就可以让它更加晶莹剔透、更纯粹，就是冰雪的那种质感和颜色。整体的美学基调就是现代、浪漫、空灵、抒情。现代是第一位的，整个的表演无论你喜欢不喜欢，无论你怎么评价它的好坏，它呈现了一种现代感。

板书设计
现代绘画的色彩搭配

1. 色彩是主观情感表现的形式语言。
2. 艺术家运用色彩表现物象及主观感受。
3. 运用色彩规律处理画面，表现色彩自身的审美力量。

教学评价

本课兼具欣赏课的内容，介绍的艺术流派和作品丰富多样，信息量比较大，如何让学生在了解不同现代绘画流派作品的同时，又能够理解其色彩搭配所表现的情感与个性，是这节课的难题。现代艺术作品抽象夸张，要使学生理解，最好的方法莫过于从他们自己感兴趣的作品入手，所以本课的设计思路就是充分调动学生的学习积极性和探究精神，以学生为主体实行探究性学习。教学的一部分环节交给学生，课前以小组为单位，挑选他们感兴趣的作品或者画家进行充分赏析，利用网络进行资源搜索，整理归纳，以 PPT 的形式，在课堂上展示并介绍，阐述自己的欣赏感受，用这个环节代替教师的一味讲解，既完成了赏析现代绘画的教学任务，又使学生从被动接受变为主动探究，成为学习的主体，同时每个小组的不同选择，也增加了教学内容的丰富性和多样性。教学实施过程中，每个小组都做了充分的准备，PPT 作品形式多样，讲解丰富多彩，课堂气氛热烈，取得了很好的效果。不过这种形式也存在一定的问题，网络资源多种多样，如何整理和选择对学生来说有一定难度，容易形成大量资料的罗列，重点不突出。归纳与整理资料的水平应该通过更多类似的探究活动来锻炼。

教学设计 4　勾皴点染绘山水 ——山石皴法

教材分析

山水画是中国画中重要的画科，具有悠久的历史和鲜明的特色，其美感意蕴体现着独特的民族风格，是中国传统绘画极为厚重的积淀。以山为德、以水为性，咫尺天涯的视觉感受、自畅其神的悠远意境等，一直是山水画演绎的中轴主线。从山水画中，我们可以集中体味中国画的意境、气韵和格调。

教材从初步了解和感受中国山水画的特点及韵味，引入山水画的皴法、墨法，进入山水画的技法，并遵循作画的方法、步骤进行山水画创作的尝试。在所学知识、技法的基础上提升了学习的高度，让学生尝试运用相关术语对作品进行分析和评价，以表达自己的感受，体验中国山水画诗画相映的艺术特色。

学情分析

九年级学生在美术作品的理解、评析等方面，具备基本的美术学科素养，可以综合评价中外美术作品，并且通过学习，了解掌握了一些美术基础知识与技能。但对中国画的表现形式及艺术价值的体现认识得还不够全面，对经典美术作品与生活的密切联系还须进一步了解和掌握。基于此，在本课的学习中，我们根据学生特点，创设教学情境，引导学生进一步学习中国画，使其对中国传统美术文化有更深的了解，根植爱国主义情怀，增强民族自豪感。

教学设计思路

本课由浅入深设计学习环节，以"赏析交流—尝试体验—自主创作"作为教学思路。运用"快乐学习"教学模式，教学过程以诗、画、故事为载体，引领学生走近国画，触动心灵，渐入琴棋书画佳境，随后了解中国山水画的种类及创作过程；初步学会山石皴法，了解其艺术语言特点及其价值所在；通过国画展及生活中用中国风装饰的会所、庭院，室内装饰中的国画元素，体现中国画的意境、气韵和格调，开阔学生视野，陶冶学生审美情操，育人养德，传颂经典。

课件设计流程

本课的教学从欣赏山水画经典作品入手，引导学生从中国传统文化和哲学思想的角度认识、感悟山水画的美感意蕴，以认识作者的思想境界为解读山水画意境的立足点，笔墨体验实践与弹力绳拉力活动结合，感受并掌握行笔技巧。要充分发挥学生的主体地位，在"赏析、探究、理解、实践"的过程中走近经典、升华艺术、发扬传统。

寻艺尚美

三维教学目标

知识与技能：学习山石皴法，了解中国山水画的艺术特点和笔墨特色。

过程与方法：通过临摹和创作，认识技法对表现山水画意境的作用，体会山水画的笔墨特点，感受诗、书、画、印完美结合的形式美感，引领学生品味意境，抒发情感，表达对大自然、对生活的热爱，提高学生对中国传统绘画的热爱，感受自然与艺术的丰富多彩。

情感、态度、价值观：通过欣赏、感受，认识和评述古今不同类型山水画作品的艺术特色，感受古今画家是如何借山川之景抒发思想情感、表达中国人的自然观和审美观的，初步理解意境作为山水画灵魂的含义。认识、赏析山水画中构图、笔墨、造型等的特色，体会立意布局、笔墨表现、意境营造、时空处理的特殊方法以及诗、书、画、印有机结合的艺术特点，感受山水画"外师造化，中得心源"的创作理念。培养学生对传统文化的热爱，增强民族自豪感与自信心。

教学重点：山水画中各种皴法、笔墨技法和构图方法的学习与运用。

教学难点：利用笔墨技法营造山水画作品意境，感悟自然与艺术的丰富多彩，增进学生热爱自然、热爱生活的情感。理解中国画作品在现代生活中的价值。

教具准备：国画工具、宣卡纸、山水画范作、课件、课本等。

学具准备：国画工具、宣卡纸。

教学实施过程

（一）艺美引导

设计思路：以古筝音乐为背景，欣赏山水画名作李可染的《万山红遍》，渲染氛围。

设计意图：音乐背景下展示同一内容、同一角度的山水画图片及山水画作品，引导学生感受祖国山川之美，引出对山水画的介绍并板书课题。突出美术课堂的艺术性与美育功能，学生浸润在浓浓的情境中，自觉地融入课堂，为下一步教学开启良好开端。

活动设计：情景交融，让学生快乐进入学习状态。

问题设计：你还知道哪些国画种类？

师：国画艺术形式多样，前面学过不同题材和内容的工笔画，还有写意画，从表现内容来看，山水画属于国画的哪一类？（以此引出课题并板书：山水画之山石皴法。）

（二）阅美感悟

1. 欣赏观察山水画作品

设计思路：教室悬挂两幅不同表现技法的山水画作品，创设情境；音乐背景下学生欣赏国画作品《万山红遍》，对山水画进行观察和初步了解，得出山水画的概念。

设计意图：采取情境直观式教学方法，"走进展室"直观欣赏，形成视觉冲击力。通过触摸、观察作品，学生充分体会山水画的艺术魅力，对什么是山水画形成初步概念。

活动设计：学生在展室情境中近距离观察山水画作品。

问题设计：什么是山水画？

师：山水画是以表现山川自然景色为主题的绘画。山水画是中国画的一种，简称"山水"。首先，中国山水画的特征是有景有情，是作者把大自然的美景融入自己的感情并通过艺术的手法表达出来的艺术情趣，中国画艺术在审美的主客观关系上不强调感官刺激和理性分析（概念），强调主、客观的和谐交融，审美要求和个性有关，侧重于浑厚、笃实、和谐、德性、善化的审美方式，惯于细细品味，潜移默化地体会精神世界。

师：山水画在魏晋南北朝时已逐渐发展，但仍附属于人物画，作为背景的居多；隋唐始独立，如展子虔的设色山水、李思训的金碧山水、王维的水墨山水、王洽的泼墨山水；五代、北宋山水画大兴，作者纷起……

2. 了解山水写意笔墨技巧，山石皴法种类

设计思路：欣赏讨论后，学生以小组为单位派代表对教室中的山水画图片作品进行分类，引导学生总结出技法特点与山石皴法的种类。

设计意图：本环节设计注重直观感受，激发学生参与学习的热情与兴趣，在提升学生的思考能力与分析鉴赏能力的同时，感知中国山水画的文化底蕴。

活动设计：小组内进行讨论，总结出山水画的种类及笔墨技巧。

问题设计：山水画的表现技法有哪些？

师：重点了解山水画中的几个类别，如水墨、青绿、浅绛山水、金碧山水。山水画以线条和墨色作为主要的造型手段，用笔技巧主要是勾、皴、点、染等。笔墨技法包括：焦、浓、重、淡、清。山石皴法主要常用的有：荷叶皴、披麻皴、斧劈皴、折带皴、米点皴、雨点皴等。（教师边讲解边在宣纸上演示）

（三）寻美探究

设计思路：以学生合作探究学习为主，教师引导为辅，通过赏析不同技法的传

统山水画作品，小组交流、讨论山水画的特点及不同的表现技法。教师演示和讲解勾、皴、点、染的基本特点。运用勾、皴、点、染的用笔技巧，表现不同的山水景物。教师演示或展示视频资料，分步讲解。学生探讨、实践、分析、理解山水画的气势神韵，强调山峦的高低错落、阴阳向背、宾主呼应、疏密虚实等艺术特色。

设计意图：以多样的学习方式，引导学生在观察、欣赏、实践练习后，了解中国山水画作品的艺术特点，激发其创作欲望。

1. 山石皴法

活动设计：课件出示图片，让学生观察各种名作里典型的皴法，以学生自主学习的方式，发现不同的皴法形状，并到黑板上以线或面的形态表现出来，以此了解山石皴法知识并总结出相对应的特点。

问题设计：（1）皴法的种类有哪些？分别有什么特点？

（2）常用的皴法是什么？

师：（教师演示并讲解）皴法是国画中用于表现山石树木的肌理的手法。就是物体轮廓以外的一条条墨线，与各大图像处理软件中的笔刷差不多是一样的。现代人在电脑上画画的时候需要考虑使用什么样的笔刷才能更好地表现物体的质感，古人也会在画画时，根据所绘之物来选择合适的皴法。皴法的命名都是非常形象的，基本上就是看起来像什么就叫什么皴。山水画以线条和墨色作为主要的造型手段，用笔技巧主要是勾、皴、点、染等。

皴法有用来画山石的，也有用来画树的。用来画山石的皴法，按照形态大致可以分为三类：点状皴、线状皴、面状皴。点状皴有芝麻皴、雨点皴、豆瓣皴、米点皴等。线状皴有披麻皴、乱麻皴、解锁皴、荷叶皴、牛毛皴、卷云皴、折带皴、鬼脸皴、弹涡皴等。面状皴有斧劈皴、拖泥带水皴、刮铁皴等。常用的有斧劈皴、折带皴、米点皴、荷叶皴、披麻皴。元代赵孟頫《鹊华秋色图》是荷叶皴杰出的代表（PPT图片展示）。

披麻皴，形状像披散的麻，错落交搭，长而平缓。由五代董源创始，用于描绘柔和细密的江南土山。披麻皴又可分为长披麻和短披麻，两者没有太大区别，只是长短上有所不同。披麻皴可以说是画山石的基本笔法了，在历代山水画中都非常常见。而其他一些如乱麻皴、解锁皴、荷叶皴，都是由披麻皴发展变化而来。

2. 山石画法

活动设计：教师演示绘画"石分三面"，学生跟练。采用拉力绳的惯性感受手臂运气用力，感受行笔运墨方法，积极主动去体验和探究笔墨技法，了解有关顺峰、逆峰的知识。

问题设计：画石头的原则是什么？画山有什么法则？

师：（教师讲练结合）"小则为石，大则成山。"山石的形体轮廓一般用"勾"，体现山石质感多用"皴"，强化山石结构多用"染"，提醒画面节奏多用"点"。画石法以"石分三面"为总原则，方圆为形，凹凸成体，大小相间，刚柔有别；画山法则重视山的气势神韵，强调山峦的高低错落、阴阳向背、宾主呼应、疏密虚实。

3. 笔墨技法、构图法则

活动设计：请两位学生代表到前面绘制一块石头或一座山，师生指出优缺点，鼓励多练习，贴在卡纸上，简单装裱。结合展示的范作，发现国画的艺术特色与文化内涵。

问题设计：（1）画山和石时，其特点区别和联系分别是什么？

（2）山、石构图注意什么？

师：（学生到前面尝试画石头，教师讲解）石头的画法有阴阳向背，用笔要挥洒自如、灵活多变，中、侧锋互用，重笔法，浓淡干湿，勾皴点擦，泼破，虚实松紧，一气呵成，浑然一体。在传统艺术中，对石头的审美欣赏有瘦、漏、空、透、奇、怪的标准，其力和势是至关重要的，是有生命力的，可以增加画面的意境和意趣。皴擦山体的大体明暗初显，用淡墨加以渲染，但不能平涂。干后可视结构层次用皴擦再复加渲染数遍，使石头感觉厚实，最后点苔点，将坚硬的山体质感表现出来。

构图在山水画写生中尤其重要。只掌握熟练的笔墨技巧，没有成功的构图，是画不出好作品的，只能说是笔墨技法的演练，不能成为作品。要将烦琐而复杂的山川、树木、云水等自然景物，表现在小小的画面上，成为优美的艺术作品，如不能反复琢磨、精心组织，没有取舍与提炼，就会形成杂乱无章的局面。

中国画的构图中，非常强调规律性和辩证法，掌握并运用好对立统一的规律是解决构图问题的关键。构图是研究物理、心理、画理三者关系的学问。

4. 尝试运用

活动设计：根据自己的喜好选择一种皴法，尝试画一座山，请学生到前面来画。学生体验山、石在宣卡纸上的绘画效果。请其他同学来识别作品的皴法种类特点。

问题设计：请说出一种印象深刻的皴法，描述它的特点。

师：哪位同学到前面来尝试用一种皴法去表现山、石？（学生画完后教师讲解）这位同学用的什么皴法？对，大家看出来了，是"斧劈皴"——它是中国山水画皴法的主要方法之一，五代卫贤的画里已初见苗端，成熟并盛行于宋代。李成、李唐是其画法的大师，南宋时期的马远、夏硅也是其画法的杰出代表，明代的唐寅又有所变化和发展。中锋勾勒外轮廓线，侧峰皴擦渲染，也有高手在勾勒轮廓线时，与皴法巧妙结合，虚实相兼，变化多端。外轮廓线不能太"实"；要反复皴染，层层透气；必须与渲染相结合，在强化阳刚的同时，要画得润泽；建议最好用绢和熟宣纸来表现。

5. 示范山水画小品创作《观山海》

活动设计：教师演示创作《观山海》山水画小品，学生总结出造型和构图特点以及笔墨意蕴的表现方法。

问题设计：山水画的笔墨意蕴是怎样表现的？

师：（教师演示后讲解）意蕴美讲究虚实，追求含蓄，崇尚无限，反对一览无余。清代方士庶，将"境"分为"实境"和"虚境"。他在《天慵庵随笔》中说："山川草木，造化自然，此实境也；因心造景，以手运心，此虚境也。虚而为实，是在笔墨有无间……"讲的就是山水画的意蕴美。

师：山水画历史悠久，早在南北朝时期，就有山水画以及山水论出现，宗炳在其《画山水序》中就提出"应会感神，神超理得"的创意构思方法。至明清，山水画已经是"人化得自然"，正所谓"山由我出，我由山出，我之为我，自有我在"。宋代画家范宽为了追求"对景造意"，追求山水画幽远，孤寒的意境，深入林泉，对山川风物达到物我一体的境界，追求山水意蕴神思的境界，才会在中国山水画历史上取得很高的成就，所谓"山性即我性，山情即我情"。

（四）赏美启智

设计思路：让学生欣赏前人的山水画作品，了解创作历程，感受艺术的魅力，激励创作欲望。

设计意图：通过本环节的学习，启发学生的创新思维，为下一步的山水画创作打下基础。

活动设计：学生欣赏画家创作视频或PPT上的图片，感受作品的魅力。

（五）创美达意

设计思路一：学生创作阶段，教师巡回指导。

设计意图：让学生实践体验构图创作，学会虚实相间、表情达意，做到"我有山出，山有我出"。

活动设计：根据前面所学，请简单创作山水画小品一幅，总结出山水画笔墨意蕴的体现方法。

问题设计：你的山水画小品运用了哪些艺术语言和构图方法？

师：请完成创作的同学展示讲解自己的作品，解说运用了哪些艺术语言。（生：皴擦点染，虚实对比方法……）

师：山水画的意蕴美是山水画艺术的精髓，也是山水画最高的美学追求。好的作品是需要一种虚静澄明之心来感受自然的，所谓"美景如画"，其原因就是画融入了画家的主观情绪，并用夸张的手法极富个性地表现出来。如展子虔的《游春图》以山川树木、游乐于自然中的人物以及画面呈现出的春天气息，融入作者的主观情绪来追求"画外有情"的艺术境界。同学们要让自己的作品有灵魂、有思想、有意蕴，掌握技法的同时，还要用心去感悟自然。

设计思路二：师生评价创作的山水画小品，交流过程中的经验；教师列举作品的优点并引导学生说出创作时绘画技法的运用和构图上的真实想法。

设计意图：通过互评和体验创作过程，让学生深入体会运用美术语言表达思想感情意蕴的技巧。

活动设计：各小组代表之间互评与自评，阐述制作体会，指出作品的优缺点。

师：我们在创作过程中简单体会到了山石写意的技法，学到了正确赏析山水意境的方法，领会了创作理念，感受到山水画魅力之所在。

（六）尚美提升

设计思路：播放黄宾虹的《溪岸图》《庐山图》《游春图》《江帆楼阁图》《潇湘图》作品图片，请学生感受中国山水画的传奇神韵，陶冶审美情操。

设计意图：深化学生对山水画的了解，增强学生的民族自豪感、点燃学生的爱国主义热情。

活动设计：学生欣赏名家山水画作品，感受山水画的深层意蕴。

问题设计：如何表现山水画的意蕴精髓？

师：在我国近现代绘画史上，有"南黄北齐"之说，"北齐"指的是居住在北京的花鸟画巨匠齐白石，而"南黄"说的就是浙江的山水画大师黄宾虹，二人被美术界并列在一起，足见黄宾虹的艺术功力和成就非同一般。

师：欣赏中国山水画，其实欣赏的是程式演绎中的笔墨美。孔夫子在对自然景观进行了深度观察之后，从中找到了"水"与君子之德的联系，并开创了"水"的象征性意义。宋代山水画则注重外师造化，以其"成熟、精粹"的写实技巧，充分展现了中国古代绘画的审美观念，山水画中的"水"与风水学中的"气"相通，而水象征了"君子之德"，所以画家们常常以水自诩。由此可见，山水画已深入中国文化的精髓，承载着中国人的审美内涵和艺术精神。作为表明心志的一种载体，它是自然物象的真实视觉形象，其转向内在世界的探索，是绘画发展的内在要求。

板书设计

勾皴点染绘山水——之山石皴法

1. 山水画的概念。

2. 山水画的分类。

3. 山石皴法技巧。

4. 创作练习。

教学评价

本课运用快乐学习教学模式，采取情境教学法，以古筝音乐与国画经典作品为学生营造了一种浓浓的中国高雅传统文化艺术氛围，对于学生兴趣的激发、知识点的掌握起到了很好的促进作用，使学生在欣赏、近距离观察经典作品及了解其特色的同时，通过实践练习创作真正感受到山水画作品在意境上的深远辽阔，感悟到山水画"外师造化，中得心源"的创作理念。不足之处：虚实、笔墨意蕴的体现等还需要带领学生多画、多体会。

教学设计 5 校园小伙伴

教材分析

本课主要学习人物脸部的比例、表情特点、人物头部的基本形等知识以及人物头像的写生方法等，让学生明白人物头像写生的意义。人的形象最为生动完美，又富于动态、表情和个性特点的变化，因此，画好人物形象也就最为困难，需要较强的观察力、理解力和较高的素描技巧。人物头像写生练习是获得这些能力和技巧的必不可少的环节。

学情分析

画人物肖像是一项难度很大的技法训练。初一学生大多基础差，学生基础差异性明显，在教学中应因材施教。因此，在上课前，我给学生布置了借助图书馆以及网络资源查阅漫画、素描头像以及临摹相关的人物肖像等任务，使学生能对人物肖像有一个简单的认识。在此基础上，激发其学习兴趣，使其有探究知识的主动性。

教学设计思路

本课运用初中美术课堂 24 字教学模式，通过欣赏画家作品创设情境，教学过程以游戏、画、故事为载体，引领学生走进人物肖像速写，通过听、看、练等方式，了解人物肖像速写的创作过程。通过欣赏，开阔学生视野，提升学生的审美认知水平，以美育人，以美养德。在完成人物面部表情教学目标后，我的教学创新是打破以往传统训练方法，让学生们用简笔画的形式画人物肖像，降低了绘画难度，增强了学生的自信心，然后练习时由简笔画过渡到人物肖像速写，通过教师示范，让学生更直观地了解速写的方法和步骤。

课件设计流程

课件主要内容包括首页、图片、创作、视频、音乐等，采用菜单交互式将中西方美术联系起来，通过对比、观察和赏析画家作品，探究出肖像画的两种表现方法，引导学生观察、欣赏、分析头像的五官比例和头形特征，激发其创作欲望；欣赏各种不同风格的肖像速写，感受艺术品带来的美感；启发学生的创作思维，为下一步的肖像速写打下基础；亲身体验创作的乐趣，感受肖像画的魅力。

三维教学目标

知识与技能：了解人物头部的基本比例、头部的透视规律。知道人物的五官比例是以"三庭五眼"的规律分布的。懂得由于人物头部的基本形以及五官的细微不同而产生的人物相貌的差异性。

过程与方法：通过观察其他同学的脸型、表情，欣赏画家的作品等方法，初步掌握以线造型表现人物的相貌特征和表情。

情感、态度、价值观：体验、观察、分析不同表情和性格，享受探究过程带来的快乐，增进同学间的友谊。

教学重点：了解人物头部及五官的基本比例。

教学难点：学会观察并抓住人物长相特征，用线描的方法描绘小伙伴。

教具准备：多媒体教学课件等。

学具准备：自行查找的人物画图片资料、铅笔（彩色铅笔）、素描纸、橡皮等。

教学实施过程

（一）艺美引导

设计思路：教学过程以谈话交流的形式，引导学生走进人物肖像速写学习中，通过听、看等学习方式了解人物肖像速写的创作过程。

设计意图：通过谈话的方式导入，让学生自觉地融入课堂，为下一步教学做铺垫。从五官、头形、性格等方面观察身边的人，为本节课的学习奠定基础，突出美术课堂的艺术性与美育功能。

活动设计：多媒体课件展示（到底什么最美？我们再来欣赏一组图片）一组学生活动中的照片，并将镜头集中在一部分学生的笑脸上。

问题设计：想不想为小伙伴画一张人物肖像呢？谁来描述其他小伙伴的长相特征？

师：同学们，走进校园，你发现什么最美，最值得我们用画笔来表现？

生：花园、操场、教学楼等。

教师：同学们，有没有感觉最美的其实就是你们自己，尤其是这一张张阳光、充满自信的笑脸，多有感染力！今天，就让我们一起走进多彩的校园生活，为小伙伴们画张像。（板书课题：校园小伙伴）

（二）阅美感悟

设计思路：学生观赏中国近现代画家作品，发现作品在造型、空间、纹理上的美丽之处，了解肖像画的表现方法。

设计意图：学生通过对比、观察、赏析画家作品，探究出肖像画的两种表现方法。

活动设计：对比观察钱绍武人物素描《女孩的肖像》和肖惠祥人物素描《维吾尔族姑娘阿丽亚》。

问题设计：这两种方法在塑造画面空间感、立体感上有什么不同？为什么会产生这样不同的效果？这两张画主要运用了什么表现手段？你们猜他们有什么性格特点？你是怎么看出来的？

师：首先，我们来学习头像画的两种表现方法。请大家对比观察钱绍武的《女孩的肖像》和肖惠祥的《维吾尔族姑娘阿丽亚》，其表现手法是什么？（学生回答）对，同样是人物素描作品，一幅是用线条表现，另一幅是用明暗面表现手法。相比于素描的细腻，我们发现，线描更适合在短时间内创作。现在，我就以线描为例来表现我的小伙伴，有请我的小伙伴闪亮登场！（学生登场，教师用线条快速画出其形象并讲解）

师：看来想要画出独一无二的小伙伴，就一定要抓住他的头形、五官、性格特点，正如顾恺之所说"四体妍蚩，本无关于妙处；传神写照，正在阿堵中"，四体就是四肢，他的意思是画画时不仅要描绘人的外形，更重要的是传递人的神韵，尤其是眼神！那大师们是怎样表现他们的小伙伴的？

（三）寻美探究

1. 表情

设计思路：采取情境直观式教学方法，增加学生学习的兴趣。

设计意图：通过游戏引导学生从五官、头形、性格等方面观察身边的人，为本节课的学习奠定基础。

活动设计：请两位同学上台表演，并按教师要求做表情。（表演内容：考试100分，肚子痛，无缘无故被人打了一拳）

问题设计：人物面部表情是通过什么来表现的？

师：（两位学生做表情，其他同学讨论并回答）对！大家会发现，生动的人物形象在于表情丰富，表情则是通过眉、嘴、眼的不同形态来表现的。画人笑，眉开眼弯嘴上翘。画人哭，眉掉眼垂嘴下落。（教师在黑板上演示）

2. 用简笔画的形式练习人物肖像

设计思路：本环节设计注重直观感受，激发学生参与学习的热情与兴趣，在提升学生的思考能力与分析审美能力的同时，感知人物的面部表情。

设计意图：让学生们用简笔画的形式练习人物肖像，降低了绘画难度，增强了学生的自信心。

活动设计：学生们用简笔画的形式练习人物肖像创作。

考验一下同桌之间的默契度：不看同桌，一分钟画出你的同桌。（让学生简单体验下画肖像会遇到哪些问题）

（同桌之间相互欣赏作品，激发后面的学习动力）

教师：脸部有人的表情器官，是人内心活动的一面镜子，画人一定要抓住典型表情特征。若感觉画得不满意，不是咱们同桌不默契，而是没有掌握好画人物头像的要领，那么我们怎样才能画好人物头像？下面，我们就一起来学习一下。

3. 脸型与五官比例

设计思路：以学生合作学习为主、教师引导为辅，以故事、游戏等形式结合PPT精美图片，带领学生重点了解头像的五官比例和头形特征。

设计意图：以多样的学习方式，引导学生观察、欣赏、分析了解头像的五官比例和头形特征，激发其创作欲望。

活动设计：教师PPT出示画家作品，引导学生自主学习，了解头像的五官比例和头形特征。

问题设计：猜猜他们是什么脸型？

（1）猜一猜：(PPT出示两个名人的头像图片，猜猜他们是什么脸型？学生回答)

师：每个人的长相不尽相同，脸型也各具特色。我国民间画诀将头部的外形概括为申、甲、由、田、用、国、目、风。（板书：八格，并出示图片请学生结合图中的脸型讲解脸型的细微差异）

师：你知道你的头形属于什么样的？还有你同桌的？再看看你刚画的头形是你同桌的还是别人的？（学生回答，教师加以指导）

师：除了脸型外，五官也在长相中占有重要地位。

（2）小游戏——为熟知的形象填五官。

我们来做一个游戏，大家看这是什么？（出示大家熟知的形象）请大家试一试：快速、准确地把眼睛、鼻子、嘴巴摆在合适的位置。（学生在写真板上将五官粘贴上去）

师：摆得好不好？有没有问题？（学生回答）

师：大家之所以看着五官摆得不舒服，是因为比例不对，那我们按什么比例来画五官呢？请看图示。（教师出示脸部图示并讲解）

"三庭"：上庭，发际线——眉弓；中庭，眉弓——鼻底；下庭，鼻底——下颌。

"五眼"：我们的脸（正面）宽为五只眼睛长。

师：请同学们观察图中的眼睛的位置在什么地方？嘴巴的位置呢？（学生回答）对！眼睛在整个头部上部的二分之一处，嘴巴在鼻子和下巴之间的二分之一处。

我们刚刚看到的"三庭五眼"是人的正面。头部运动时，人的五官位置、比例、形状会发生变化吗？

（将五官画在气球上制作教具，了解头部透视产生的变化）

师：头部做不同动作时五官的"三庭五眼"会发生相应变化，需要仔细观察。（教师做上仰、低头、平视动作，学生观察五官"三庭五眼"的位置变化）（板书："三庭五眼"）

如果把一个青年人的五官放在一个老人的脸上，会产生什么效果？（出示两张图片，学生尝试操作）为什么不像原来的形象了？看看这些肖像画，为什么你们一眼就能认出？所以，画人物肖像不仅要掌握"三庭五眼"，更要突出人物特征。

（四）赏美启智

设计思路：再次欣赏各种不同风格的肖像速写，感受艺术作品的美感。

设计意图：通过本环节的欣赏学习，启发学生的创作思维，为下一步的肖像速写练习打下基础。

活动设计：学生欣赏 PPT 上的作品图片，拓宽视野，提升审美能力，感受作品的魅力。

问题设计：哪一幅作品的构图最美？

1. 构图

欣赏表现同一人物的五幅作品。

师：人物头像的位置和大小很重要，直接影响作品效果。观察自己的作品，看看构图有没有问题。

2. 欣赏中西方画家作品

师：下面我们感受一下画家的魅力，看看他们是怎样描绘人物肖像的。

（1）漫画人物。

（2）线造型人物肖像。

（3）明暗造型人物肖像。

3. 利用微课演示人物肖像画写生步骤

（1）勾画大体轮廓。

（2）画出五官位置。

（3）进行细节刻画。

（4）最后进行整体调整。

（五）创美达意

设计思路：亲身体验创作的乐趣，感受肖像速写的魅力。

设计意图：通过亲身体验，巩固学生对所学知识的认知，增强动手能力的同时，开发学生的创造力与想象力。

活动设计：以小组为单位，利用手中的画笔，尝试绘制一幅肖像画。

1. 要求

（1）简单回顾人像写生的方法。

（2）能抓住人物的长相特征，用线造型的方法为同桌画像。

（3）以同桌为表现对象，用素描、线描表现形式再画一幅肖像画。

（4）课件循环播放学生的作品。

（5）学生完成的同时，教师巡回指导。

2. 展示评价

同桌之间相互欣赏品评，选出有代表性的作品集体评价，重点从构图、脸型、五官的位置、特征等方面评价。师生共同对作品进行评析，提出意见，给予鼓励。

（六）尚美提升

设计思路：欣赏中西方优秀的人物画家作品，例如中国的顾恺之、吴道子、张择端，外国的达·芬奇、丢勒、荷尔拜因的作品。

设计意图：通过欣赏画家作品，拓宽视野，提升审美能力。

活动设计：分析作品的特点并阐述感受。

问题设计：中西方人物画家作品的特点是什么？

师：肖像画是绘画门类中很重要的一个画种，也是很难画的。想要画好可不是一蹴而就的事情，还需要同学们今后长期的观察和练习。只要我们学会观察、勤学多练，就一定能画出满意的作品。课后，请你也选择一位同伴，为其画一张肖像速写。

板书设计

校园小伙伴

1. 脸型：申、甲、由、田、用、国、目、风。

2. 五官比例："三庭五眼"。

3. 写生步骤：

（1）勾画大体轮廓。

（2）画出五官位置。

（3）进行细节刻画。

（4）最后进行整体调整。

教学评价

本课运用初中美术课堂24字教学模式，课上以个案的形式引导学生进行思考，充分联想、发散思维，综合运用、充分实践。为了更好地实现教学目标，结合学生实际情况，我在课程结构、部分环节及实践活动等方面进行了设计，教学评价如下。

一是打破以往讲完知识点之后再进行实践尝试的惯例，让学生先进行一分钟的绘画尝试，让学生快速画出自己的同桌，在画的过程中学生确实遇到了很多问题，画得太大的、又小又偏的，五官安排别扭、结构不准确的，都不满意。之后学生再进行有针对性的学习，学习动力很足，学习的目标明确了。

二是将写生步骤省略，融合在解决学生一分钟绘画遇到的问题的过程之中，从构图到头形特征"八格"、有关五官位置安排的"三庭五眼"，再到表情和夸张手法，这一流程讲完，画人像的步骤就出来了，不集中讲解优秀学生作品，而是放在大屏幕滚动播放，这些都节省了时间，学生学习的思路和节奏也清晰了，领悟速度也快了。

三是将画家作品放在学生作品展示评价完之后作为知识拓展。和自己的作品比较，学生很快能找出差异，尤其是在内心世界的刻画上；教师再提出"形神兼备"理论，提升认识高度，使学生既学会了欣赏肖像作品，又明白了画好肖像作品的方向。针对教学目标和学生心理特点，打破常规安排课程结构，可以起到事半功倍的效果，学生理解、接受速度快，参与自觉性高。

学生课堂观察、讨论、实践、交流，效果很明显。好奇和激情是学生进入学习状态并取得一定成果的有力保证。本节课充分体现了"教师为主导，学生为主体"师生共同参与教学的原则，用赏识教育的教学理念，帮助学生在特定的情境中亲自参与，积极主动地进行各种实践体验活动，以愉悦的心情体验课堂，培养学生基本的美术素养和技能，让学生在轻松愉悦的氛围中学习美术，体验美术造型活动的乐趣。

教学设计6　学画写意花卉—梅花

教材分析

本单元的内容是学习中国画的花鸟画，学生通过前面的学习，了解了花鸟画的基础知识以及艺术特点，本节课在此基础上进一步拓展学习空间，带领学生进行写意梅花技法的学习。先在重温笔墨性能的基础上，以临摹的方式体验梅花的基本画法，再尝试按步骤完成一幅写意梅花作品。

本课属于"造型·表现"学习领域，教学内容知识量大、逻辑性强，在教材中占有重要的位置。学习本课有益于提高学生的观察能力、审美能力、造型能力，是美术课程的教学重点。

学情分析

七年级的学生已经有了一定基础的造型能力和表现能力。为了激发学生学习兴趣，锻炼学生感性和理性思维的能力，培养创新精神，形成勇于探索与实践的良好学风，教学中通过对经典中国花鸟画作品的欣赏，了解花鸟画的主要种类及其艺术特点，并学习中国花鸟画中梅花的画法。学习过程中，根据学生特点，创设教学情境，引导学生进一步鉴赏写意梅花作品，使其对中国传统美术作品有更深的了解，根植爱国主义情怀，增强民族自豪感。

寻
艺
尚
美

教学设计思路

本课运用初中美术课堂24字教学模式，通过问题和活动设计，使学生养成主动思考、获得知识的习惯。整个教学过程以古诗词为线索，在寄情诗墨的同时，让学生更易于感受到中国绘画书画同源的特点和中国画独特的艺术韵味。让学生通过各种直观的感受和尝试练习，了解基本的用笔及用墨技巧。通过识梅、赏梅、画梅，了解梅花的基本知识，学习写意梅花的画法，整节课既轻松又有效。

课件设计流程

主要环节有识梅、赏梅、画梅、提升等，将音乐、古诗词和写意梅花作品联系起来。首先在"识梅"环节中了解梅花象征的气节及笔法、墨法。然后欣赏名家作品，采用图片及视频观看的形式着重了解，总结出梅花代表的深层意蕴及艺术特点，随后尝试画梅。最后，在《卜算子·咏梅》的朗诵中将写意梅花技法的学习引向深层次，结束本课。

三维教学目标

知识与技能：进一步熟悉写意画的笔法、墨法，学习梅花的画法。

过程与方法：通过笔墨体验，用临摹的方式学习写意花卉的基本方法和步骤。

情感、态度、价值观：通过动手实践，体会中国花鸟画的审美特征和笔墨情趣，陶冶情操，提高对花鸟画的学习兴趣。

教学重点：结合花鸟画的特点，学习写意梅花的表现技法。

教学难点：培养学生掌握写意画的笔墨技法以及在中国画中的运用。

教具准备：课件、梅花摆件、范作。

学具准备：宣卡纸、毛笔、颜料等中国画工具。

教学实施过程

（一）艺美引导

设计思路：诵读梅花古诗词，在诗词的氛围中进入美术课堂，学画写意梅花。

设计意图：通过诵读梅花诗词，展示梅花扇子，引导学生在诗情画意中进入美术课堂，学画写意梅花。

活动设计：学生聆听歌曲《红梅赞》。

问题设计：说说诗词描写了哪种花卉？

师：毛泽东用诗句吟诵了梅花不畏风雪、凌寒独放的品格。下面就请大家跟随老师以墨代诗去识梅、赏梅、画梅。（以此引出课题：学画写意花卉——梅花）

（二）阅美感悟

1. 识梅

设计思路：对比欣赏两幅不同风格的梅花作品，让学生谈谈两幅梅花作品在表现形式上有什么不同，总结出工笔梅花以及写意梅花的特点。

设计意图：以名家画作为切入口，围绕花鸟画家如何描绘自然，又如何表达情意而展开。引导学生通过欣赏和评析，学会分析花鸟画。

活动设计：让学生对比作品进行观察、思考，激发他们的探究欲望。

问题设计：这幅是齐白石的作品《红梅》，对比另一幅同样表现梅花的作品，看看它们在表现形式上有什么不同？

师：我们从专业的角度来看，齐白石的这幅作品线条工整、涂色均匀、用笔细腻，体现出工笔绘画的特点。写意画分大写意和小写意，齐白石的这幅《红梅》属于小写意，画风相对真实、清秀、隽永，体现出写意画妙在似与不似之间，也体现出写意梅花的特点。

2. 了解笔墨技法

设计思路：师生复习笔法，中锋、侧锋、逆锋；墨法，泼墨法、积墨法、破墨法。以《墨梅图》为例引出墨分五色：焦、浓、重、淡、清。

设计意图：师简单示范用笔方法，生观察师用笔，巩固有关笔法、墨法的知识，为进一步画梅花打下基础。

活动设计：师边说边画枝干，学生观察并了解笔法、墨法的运用。

问题设计：为什么单一的墨色并不单调反而显得很丰富？

师：中国画讲究墨分浓淡、墨分五色。这就是以墨代色，有泼墨法、积墨法、破墨法。这也是单一的墨色并不单调反而显得很丰富的原因。

（三）导美探究

1. 了解枝干特点

设计思路：欣赏自然界中的梅花、盆景。学生仔细观察后，讨论回答梅的枝干的走势特点及其穿插规律（"女"字形、"又"字形）。

设计意图：学生观察梅花图片和盆景实物，更直观明了地认识梅花枝干走势，再通过绘画作品让学生巩固这一知识点。

活动设计：教师在 PPT 上对梅花枝干穿插规律（如"女"字形、"又"字形）进行标识。

问题设计：识梅就要了解梅的结构和形态，同学们仔细观察梅花盆景，它千姿百态，你发现梅的枝干在走势上有哪些特点？

师：同学们再仔细观察，枝干之间的穿插又有什么规律？像一个什么汉字？大家讨论一下，古有"无女不成梅之说"这是历代画家深入观察的结果、也是画梅的经验之谈，纵横变化的"女"字形，既符合梅枝生长规律，也合乎线条排列的形式美。

2. 了解梅花特点

设计思路：通过观看与触摸，增强对梅花的直观感受，并通过这种直观感受了解花朵的结构和形态，增加学习趣味性。

设计意图：再次利用盆景让学生零距离地观察、触摸。

活动设计：（1）继续观察盆景，看花朵是由花瓣、花蕊和花萼组成，通过教师示范梅花画法（正面、侧面），让学生学习点厾法，并尝试练习画梅花、体验用笔、用墨，初识梅花。

（2）学生尝试练习梅花的画法。（学生观察盆景并回答花瓣的组成，教师边讲边画）

师：现在老师就来画一下形态各异的梅花。花用点厾法，点梅就是用笔蘸颜色在画面上点出花的结构形态。笔用含水适中的大白云即可。先调淡曙红，将毛笔在水中蘸一下，在笔洗的边上理出一点水分，含水不要太多，也不可太干，太干则画出的花瓣没有滋润的感觉，笔尖蘸浓曙红；正面的花是五瓣，我们蘸好适量的颜色，藏锋侧入，一笔一瓣，五笔画成。每瓣不宜太圆，应有大小、深浅、浓淡之分。花心处留出空白，画什么呀？中间画一个小圆点挑花须，点花蕊，换小号笔用胭脂加墨画花萼，花萼是下面托着花的部分，各种不同方向的花萼，花柄一定要出来，我们一般画"丁"字花萼，花柄要求中锋用笔。下面大家根据老师讲的，尝试画一画（学生练习，教师指导）。

（四）赏美启智（赏梅）

1. 欣赏视频——诗书画印

设计思路：用视频进一步巩固对梅花枝干走向的认识。

设计意图：通过欣赏，提升学生对梅花枝干走向的认识，巩固所学知识。

活动设计：学生欣赏视频，观看《墨梅图》，找出其作为一幅完整的国画作品所缺少的部分。

问题设计：引导学生观察《墨梅图》枝干的走势（PPT出示《墨梅图》），作为一幅完整的国画作品，这幅梅花图还缺少什么？

师：（诵读诗句再自动出示印章，配以音乐营造氛围）国画讲究的是意境的表达，大家看，诗、书、画、印完美结合，才可能展现出国画的独特魅力。所以说，写意画相比工笔画在抒发作者思想情感方面更胜一筹。

2. 赏析写意梅花

设计思路：欣赏历代名家梅花名作，感受写意梅花的独特魅力和文人画的韵味。

设计意图：通过作品欣赏、了解写意绘画更能抒发情感、寄托情怀，引导学生利用所学知识分析画面，引导学生感受写意梅花的独特魅力。

活动设计：教师引导学生欣赏写意梅花。

师：（有感情地引导，让学生深刻感受写意梅花寄情于物的特点）请同学们欣赏这几幅名家名作，作品中梅花表现了画家什么样的情感？（学生回答）对！借物抒情、状物言志是写意花鸟画的特点，梅花身上坚强、高洁、谦虚的品质，历来都为世人敬仰，所以也成为许多画家喜爱的绘画题材。

（五）创美达意（画梅）

设计思路：教师进一步示范，给学生直观的感受和引导，便于下一步学生自己的练习和创作。

设计意图：教师演示，学生观察，了解绘画步骤，巩固对梅花的画法及布局的了解。学生体验用笔、用墨，尝试画一幅诗、书、画、印完美结合的写意作品。

活动设计：教师示范花的画法——讲布局（注意整幅画梅花的布局及花朵的疏密变化），进一步演示枝干画法。题字并盖印章完成写意梅花示范。

学生活动：按照第26页的画梅步骤图临摹练习；也可掌握要领后完成一幅写意梅花小品。

鼓励学生进行自评、互评，教师做适当补充。

师：（边讲边画）老枝到细枝有一个粗细变化。把枝干画好，气势就有了。梅花的粗枝也就是老枝，毛笔选用硬毫笔，先调淡墨，临画前笔尖稍蘸墨，水分不要太大，侧锋行，后面的小枝渐转成中锋用笔，笔杆与纸成垂直角度。线条根据枝条弯曲，采用快慢、顿挫、转折等不同的手法。枝条形状不要画得过于直，应做适度的弓形才好，柔中带刚。行笔过程中，应有意识地留下些空白，以备添用。

好，大家已经看到老师画梅花的步骤了，现在请在宣纸上根据老师的讲解开始练习。（在音乐背景中，学生开始绘画，教师巡回指导）

（六）尚美提升

设计思路：导入和提升环节相呼应，以诗结尾。提示学生在生活中遇到困难等问题要学会面对与解决。

设计意图：诵读毛泽东的《卜算子·咏梅》，感受其中所表现的中国共产党人英勇无畏的精神，鼓励学生正视困难、战胜困难。将写意梅花的学习引向深层次的对自己人生的思考。

活动设计:（1）小组之间互评与自评，阐述绘画体会，指出作品的构图及墨色的优缺点。

（2）师生齐读诗词，结束本课。

师：大家画得很认真，也很出彩，现在大家欣赏一下作品，看看哪些作品画得更有神采？（学生互评，教师讲评并鼓励）虽然大家国画画得很少，但从大家的作品中，老师感受到了同学们的绘画潜质，部分同学也画出了梅花的傲骨与品格，正如《卜算子·咏梅》中所描写的那样："风雨送春归，飞雪迎春到。已是悬崖百丈冰，犹有花枝俏。　　俏也不争春，只把春来报。待到山花烂漫时，她在丛中笑。"（教师带领学生齐声诵读）让我们通过本课的学习，了解并掌握梅花的画法，更能在梅花俊美而坚忍不拔的形象中，感悟梅花的品格并学习之。

温馨提示：习惯养成教育

提醒学生下课后涮笔，收好墨和颜料。整理自己的作业，注意晾干后再折叠保存。收拾画具，如有甩在桌椅及地板上的墨和颜料要擦拭干净。

板书设计
学画写意梅花

1. 枝干走向：上扬、下压、斜插。
2. 花朵姿态：正、侧、背面。
3. 技法：点虱法。

教学评价

学生对写意花鸟画的画法比较陌生，所以在课堂设计时运用了初中美术课堂24字教学模式，采取情境教学法，以诗词带入学习情境，寄情书画，以墨代诗，引发学生学习兴趣。然后讲解画梅花的用笔、用墨的方法，在墨韵梅香中，诗画结合凸显中国诗词的魅力，创设浓厚的文化氛围的同时，介绍中国绘画中诗、书、画、印完美结合的艺术特色，激发学生的学习兴趣。

本节课重点以欣赏作品为主，分析梅花的特点，了解梅花的品格及简单画法，让学生体验梅花的点丿法，更多是体验其笔法、墨法的应用，虽然没有国画基础，但是学生都很认真，课堂学习效果很好。

第二节　"设计·应用"学习领域中的模式应用

教学设计 1　图案之美

教材分析

本课教材首先对图案的历史和分类进行了简略的回顾和介绍，目的是让学生了解图案源远流长的历史。其次，学习图案的形式美法则，使学生了解图案是一种程式化的艺术，具有很强的形式审美特性，如对称、均衡、对比、律动；同时也让学生了解图案的审美创造，就是按照一定的形式美法则，通过一定的创意、设计、制作形成的创造性活动。最后，通过欣赏、讨论、体验、创作的过程，让学生感受图案创意与设计美，并延伸至自己的生活中，美化生活，改善人与物、人与环境的关系，体会装饰图案所蕴含的文化。

学情分析

七年级学生在美术作品的理解、评析等方面已经形成基础的认知，具备一定的创新意识，通过学习能了解掌握基础的绘画技能及手工技法。但对设计应用领域中的设计表现形式认识得还不够全面，对设计作品与生活的密切联系还需要进一步了解。基于此，本课根据学生特点，教学设计中以创设南北文化情境为主，引导学生进一步了解和掌握图案的设计原则，学会基础的设计手法，提高设计审美意识的同时，创意美化生活。

教学设计思路

本课创设以"美"为主线的文化情境，通过带有图案的生活实物与图片，引导学生了解图案的历史与概念；以齐鲁文化与苏州文化中的图案解读，使学生了解图案的种类与文化内涵；以师生互动的图案组合与游戏，使学生掌握图案设计的形式美法则；在欣赏优秀装饰图案的基础上，创意图案，美化生活；最后，观看国际舞台上带有中国图案元素的视频，拓展学生的审美视野，提升学生的审美品位。

课件设计流程

本节课的课件注重美的呈现，采用菜单交互式，将图片、文字、视频、音乐完

寻艺尚美

美融合，结合生活实物，以精美图片带领学生认识图案之美，了解图案的概念；以山东与苏州独具特色的图案赏析，引出图案的表现种类；以猜图片的游戏，带领学生认知图案的四个设计法则，随后欣赏一组美丽的图案，为学生即将进行的创意图案提供借鉴。最后，利用视频呈现国际艺术舞台上美轮美奂的图案，结束本课。

三维教学目标

知识与技能：了解图案的历史和分类，学习图案的形式美法则，掌握基础的图案设计方法，创意设计图案。

过程与方法：运用欣赏、分组讨论、南北图案文化对比等学习方法，带领学生了解图案文化特点，掌握图案的基本设计原则。

情感、态度、价值观：体验图案独特的艺术美感，感受其人文精神和情感表达，

教学重点：了解图案的分类及形式美法则。

教学难点：如何运用图案的形式美法则，形成独特的设计创意。

教具准备：图案的优秀范例，植物、动物、风景的图片，纸张，颜料，画笔，多媒体课件。

学具准备：水彩笔、花卉图片。

教学实施过程

（一）艺美引导

设计思路：以空白草帽与带图案草帽进行对比，认识图案在装饰生活用品中所起的作用，引出课题。

设计意图：以简洁直观的方式，带领学生进入本课的学习。

活动设计：教师手拿重叠草帽，引导学生将空白草帽与图案草帽对比。

问题设计：图案为什么美丽？

师：同学们上了三节课已经比较疲惫，我们放松一下，看看老师手中的草帽（白色），怎样把它变得好看？白色的草帽因为有了图案变得美丽，可见图案在美化生活中所起的重要作用。图案之美美在哪儿呢？这节课我们就来学习和探究一下。（引出课题：图案之美）

（二）阅美感悟

设计思路：学生观赏古代器皿图案与观察现场的生活用品，探寻生活中的各类图案在造型、色彩、纹样上的美丽之处，了解图案的概念与题材。

设计意图：学生通过赏析古代器皿上的图案、观察现场的生活用品，讨论并探究出图案的特点，体会各种题材的图案在装饰生活日用品方面的作用。

1. 了解图案概念

活动设计：学生看书、图与实物（青花瓷），了解图案的概念与历史。

问题设计：什么是图案？青花瓷带来什么样的美感？

师：设计者根据使用和美化目的，按照材料并结合工艺、技术及经济条件等，通过艺术构思，对器物的造型、色彩、装饰纹样等进行设计，然后按设计方案制成的图样就是图案。狭义上的图案仅指器物上的装饰纹样和色彩。图案历史由来已久，在文字产生之前就已形成，古人用具象或抽象图案来表达对天文历法的认识并开展耕种、狩猎等活动。远古时期图案的出现不仅给生活带来了美感，也对我们研究历史、了解古代民风民俗有很好的参考价值。

被誉为"瓷国明珠"的青花瓷，因其在素雅白色的胚上勾勒出青花，带来清丽、高雅的美感，所以素有"永不凋谢的青花"的美誉。

2. 了解图案题材

活动设计：学生分组观察讲台上的物体或自己桌上的物体，并到讲台前为大家介绍它的特点，观察得出图案的题材。

问题设计：这些图案在造型、色彩、纹样上有什么特点？它们分别属于什么题材？

师：社会发展到今天，图案的形式更是丰富多彩，今天老师带来一些有图案的生活物品，请同学们近距离仔细观赏。它们在造型、色彩、纹样上有什么特点？描绘了什么内容（题材）？学生分析后得出五种题材：植物、动物、人物、风景、几何。（教师板书五种题材）

（三）寻美探究

设计思路：展示南北城市名片，在浓郁的文化氛围中领略山东与苏州的特色图案之美，认知图案的三个种类。学生亲身体验图案的组织形式，并通过讨论，探究得出图案的四种形式美。

设计意图：了解图案的种类与文化内涵，感受南北文化的不同魅力及图案之美并能掌握图案设计的几种形式法则。

1. 图案的种类

活动设计：浏览山东、苏州特色文化中的图案（PPT），了解南北文化在生活日用品上的形式特点。

问题设计：这三幅图案带给你怎样不同的美感？在风格上有什么特点或不同？

师：图案自古代以来就装饰了我们的生活用品，美化了我们的生活空间，更是浸润在中华几千年的文化意识中，乘着圣贤之地的儒雅之风，从孔子故里来到江南古城。在穿越千年的姑苏钟声中，请跟随老师开启寻美之旅，感受南北文化中图案的魅力。这些图案或质朴，或典雅，再现了齐鲁大地和江南古城厚重的文化底蕴与强烈的时代气息。

图案的分类：按照图案的题材可分为动物图案、人物图案、风景图案等；按照表现形式可分为传统图案、民间图案、现代图案等。

传统图案：传统图案淳朴浑厚、种类繁多、内容丰富，从中可以看到各个时代的工艺水平和中华民族一脉相承的文化传统。许多传统图案经久不衰，至今仍在沿用，保持了旺盛的生命力。民间图案：中国民间图案艺术源远流长，文化底蕴深厚、形式多样、题材丰富，有显著的地方文化特色，以独特的造型语言反映出各族劳动人民的情感生活与生命追求。现代图案：现代图案的表现内容更加关注自然与人文，表现形式富有现代感和视觉趣味性。（教师板书图案的种类）

2. 实践探究现代图案的形式美感

活动设计：师生在黑板上将形状元素组合在一起，拼成大闸蟹和抽象图案，亲身体验图案的组织形式，并通过讨论，探究得出图案的四种形式美。

问题设计：黑板上组合的抽象图案产生了什么样的形式美感？

师：图案之美无处不在，它可以在这些生活日用品上，以刺绣、粘贴、绘画的形式展现它的美，也可以用其他形式表现。（教师拼出具象图案）这儿还有一些形状，哪位同学上来尝试把它们组成一个好看的图案？（学生上黑板组合，拼完后讲解所拼图案的特点，得出一种形式：对称）随后观察四幅图案，学生分析并讨论其余三种组织形式的形式美感。（教师板书完整四种形式：对称、律动、平衡、对比）这四种组合形式使图案变得更加美观与规范。

对称是图案形态左右或上下完全相同的平衡关系，是图案的基本形式之一。律动是指有规律的运动，如规律的重复、渐变重复能使图案呈现出律动的感觉。平衡是图案形态左右或上下一种视觉上的平衡关系，它既可以使画面丰富，又可以破除对称的单调而较为活泼。对比是图案造型的基本条件之一，也是重要的构成形式。图案中的对比因素很多，如色彩对比、形态对比、大小对比、虚实对比、动静对比。

（四）赏美启智

设计思路：以小游戏加强学生对图案的四种组织形式的认知记忆，并在优美的音乐中欣赏一组创意图案作品，使学生进一步感受图案之美。

设计意图：赏析优秀图案作品，启发学生的创意思维。

　　活动设计：播放图片，让学生快速分辨其属于哪种图案形式，并欣赏一组精美图案，引导学生加强对图案形式美的认知。

　　问题设计：图案设计的重要问题是什么？

　　师：下面我来考考大家的眼力，请快速分辨出图案的组织形式，看到对称图案拍一下手，看到律动图案拍一下桌子，看到平衡画面举一下手，看到对比图案跺一下脚。

　　图案以它的形式美感愉悦了我们的眼睛，而有创意的设计更是赋予了图案无穷的魅力。从大家的表现看，同学们对图案设计的四种形式法则掌握得很好了，我们继续欣赏一组创意图案作品。

　　（五）创美达意

　　设计思路一：教师演示图案绘制过程，鼓励学生拓展思维，利用纸盘材料设计创意图案，亲身体验创作的乐趣。

　　设计意图：使学生学会以绘制图案或粘贴图案的方法装饰美化器物，增强动手能力的同时，开发创造力与想象力，使学生亲身感受创意图案艺术品带给人们的美感及与生活的紧密联系。

　　活动设计：老师拿出一个盘子，用四种形式中的一种进行演示；学生将手中的作品画完或再添加上其他材料完成一幅完整的图案，置于展示架上。

　　师：创意是设计的灵魂，我们欣赏、探究了图案之美，还要学会图案的设计与创意。剩余的时间就交给同学们，把自己的创意用美丽的图案表达出来。

　　设计思路二：师生共同评价制作的工艺品，交流制作过程中的经验；列举图案在其他领域中的应用。

　　设计意图：巩固本课所学知识，加强学生的动手能力，培养创新思维，提升学生对图案之美的认知及装点美化生活的能力。

　　问题设计：自己的作品运用了哪种设计原则？

　　师：请大家欣赏展架上的作品，它们绘制方法得当、创意新颖，教室中因这些图案变得更温馨美丽了。我们从题材、形式、色彩、造型几方面来看看每幅作品的特点及含义。（学生自评、互评及师评）

　　（六）尚美提升

　　设计思路：欣赏大型演出现场折扇上的图案，拓宽视野，提升审美品位，体会图案在现代各领域中的应用。

　　设计意图：欣赏视频中高科技唯美图案，提升对图案美的认识与审美品位，加深爱国主义情感。

活动设计：学生观看演出视频，说出视频中的图案元素。

问题设计：演出中的图案特点是什么？

师：这是 2016 年在杭州召开的 G20 峰会晚会演出现场的片段，随着大折扇的缓缓展开，带有中国韵味的图案也徐徐映入眼帘，惊艳了全世界。在这个艺术与美丽共享的时代，图案——这种流传了几千年的古老艺术形式随着时代的发展，不仅使我们的生活越来越美，更是借助高科技手段，在国际舞台上展现出它独有的魅力。

板书设计
图案之美

1. 图案概念：通过艺术构思，对器物的造型、色彩、装饰纹样等进行设计，然后按设计方案制成图样。

2. 图案的种类：按题材可分为动物图案、人物图案、风景图案等；按表现形式可分为传统图案、民间图案、现代图案等。

3. 形式法则：对称、律动、平衡、对比。

教学评价

本课根据教材内容与学生特点，结合具有南北特色、带有美丽图案的生活用品，通过小游戏提高了学生的学习兴趣与热情，课堂教学内容适当，教学设计流畅，教学方法贴近学生生活实际，教学设计中南北文化情境的设置对培养学生爱家乡、爱生活的情感，教育效果良好。因时间关系，对形式美法则的讲解不够透彻，学生的创意设计理念还须加强，师生评价作业环节可以再充实。

教学设计 2　书林漫步——书籍装帧设计

教材分析

本课教材首先阐述了书籍在人类自身发展中的重要性。其次，用图文结合的形式，以中国古籍设计、国外书籍设计及走向世界的中国书籍设计三大板块，对古今中外书籍装帧发展演变历史及现代书籍装帧特点进行了回顾与介绍，丰富的图片资料与详尽的文字阐述，有助于学生快速了解书籍的发展演变及装帧特点，结合教学过程中对实物书籍的观察分析等活动，特别是对我国现代书籍设计多样性与创新性的了解，使学生深刻感知书籍设计的文化意义之所在，增强学生的爱国意识和民族自豪感，为下节课的学习做好知识储备。

学情分析

有趣的学习方法可以更好地促进学生的美术专业认知与成长。七年级学生思维比较活跃，在美术学习中已经掌握了简单的基础绘画与手工技能，对美术作品也有自己的看法与理解。这个年龄段的学生虽天天与书为伴，但对书籍装帧设计却了解甚少。对于比较专业的设计领域，还须进一步了解与学习。在本课的学习中，根据学生特点，教学设计中以学生感兴趣的情境教学方式，带领学生了解古今中外书籍装帧设计的相关知识，扩展学生知识面的同时，提高学生的设计能力，增强对中外书籍文化发展的认同感。

教学设计思路

本课以书籍中的卡通人物作为引领者，通过"走进中国记忆"观看书籍相关视频、图片，学习古今中外书籍装帧设计发展的历史；以"感受装帧魅力"为目的，通过师生动手设计书籍封面、参加游戏等活动，学习书籍装帧的内容及现代书籍装帧设计的特点等知识；最后，在"寻找最美书籍"篇章中赏析我国在国际上获奖的"最美书籍"设计作品，了解现代中国书籍设计的文化内涵与审美价值及书籍装帧设计的发展趋向。

课件设计流程

本节课的课件分"走进中国记忆""感受装帧魅力""寻找最美书籍"三个篇章，运用菜单交互式模式，首先是"走进中国记忆"的画面，播放相关书籍的视频，结合精美图片，带领学生了解古今中外书籍发展、演变的历史；"感受装帧魅力"篇章中滚动播放中外书籍图片让学生了解书籍装帧的内容与设计特点，充分感受书籍装帧的魅力所在；最后，在"寻找最美书籍"篇章中，运用声情并茂的文字，结合"最美书籍"获奖图片，让学生感受并了解书籍装帧设计的现代化风格与文化内涵。

三维教学目标

知识与技能：了解古今中外书籍装帧设计的发展历史及内容，掌握简单的设计手法。

过程与方法：运用情境教学、视频播放及动手实践等学习方法，带领学生认识书籍装帧设计的要素及简单的设计方法。

情感、态度、价值观：通过学习，了解我国书籍装帧设计的历史、特点，通过对获评世界"最美书籍"的展示与讲解，培养学生读书、爱书的情结，增强民族自豪感与创作自信心。

教学重点：了解我国书籍装帧设计的历史与特点。

教学难点：理解现代书籍装帧设计手法及创新意识。

教具准备：多媒体课件、书籍（包括各种古籍样本）、粘贴材料等。

学具准备：书籍、彩笔等。

教学实施过程

（一）艺美引导

设计思路：用现代科技产品——平板电脑与最早的书籍——竹简进行对比，引出课题。

设计意图：以简洁直观的方式，引发学生学习兴趣，带领学生进入本课的学习。

活动设计：教师手拿平板电脑与竹简进行对比，引导学生说出两者的特点与不同。

问题设计：平板电脑与竹简的区别是什么？

师：大家看这个平板电脑，我们可以在上面进行阅读，（再出示竹简）知道这是什么吗？对！"竹简墨香千古传，金楷隶篆话轩辕。"从竹简到电子书，书籍装帧中间经历了怎样的变迁呢？今天，我们就以书会友，跟随书籍这个好朋友，穿越时空，漫步书林，去看看它的前尘往事，叙叙它的今朝发展。（引出课题：书林漫步——书籍装帧设计）

（二）阅美感悟

设计思路：创设情境，师生互动，由卡通人物形象带领，来到"走进中国记忆"篇章，结合各种古籍模板，了解我国书籍从古代到现代的装帧设计发展演变历史及其特点。

设计意图：学生在情境中通过观看古代书籍模板，了解书籍装帧设计的两个发展阶段，掌握古代书籍装帧设计的特色，增强民族自豪感。

1. **了解书写时代古代书籍的装帧演变**

活动设计：学生观看视频与古代书籍模板，了解几种古代书籍样式。

问题设计：（1）从视频中，我们获得了几个与书籍有关的信息？

（2）我国使用时间最长的书籍形式是什么？

（屏幕出示卡通书形象——大家好！我是你们的书籍好朋友。这节课，让我们穿越时空，去了解一下书籍的发展演变吧。首先，我们先去看看 2008 年北京奥运会的片段，体验和感受一下中国古书籍的魅力。）

师：请同学们仔细聆听、认真观看，一会儿老师有问题要问。

师：孔子的三千弟子，手拿简册，口中高呼《论语》中关于礼节的名句"礼之用，和为贵"，洪亮的声音带领我们透过历史尘埃，仿佛穿越到了两千多年前的洙泗书院，亲历中国文化先圣孔子讲学的场面。我们从视频中知道了我国最早的书籍形式——竹简。下面，让我们"走进中国记忆"，了解我国书籍的发展历史。

师：开始于周朝、盛行于秦汉的竹简作为中国最早的书籍形式，揭开了我国书写时代古籍的装帧历史。但大家从老师手中拿的竹简可以看出它有什么缺点？对！厚重，不方便。于是，六朝时我国出现了另一种书籍形式——卷轴。我请两位同学到前面缓缓展开一幅卷轴。大家可以看出，卷轴分四个主要部分：卷、轴、镖、带。那么卷轴的材料有什么变化呢？从屏幕上我们可以看出卷轴书的卷，一开始是用帛做的，纸书盛行后，也还是效法帛书，将写好的长条纸书，做成卷子形式，所以称卷子装。卷轴流行于隋唐时期，可以说是我国使用时间最长的书籍形式。那同学们看看，这么长的纸，卷起来是不是很不方便啊？你有没有什么改进的方法，让它打开或收起来时更方便？讨论一下，有什么更好的方法能利于保存而不占空间？（生讨论后，一人上台演示）引出经折装与旋风装（师出示两种书籍形式）。

师：经折装出现在唐代后期，是将长的卷子折成相连的许多长方形。书前后用木板相夹。旋风装是在经折装的基础上，将许多长形的纸粘在一个底板上，因为其形状像龙鳞，所以也称龙鳞装。旋风装与经折装是卷轴装到册页装的过渡形式。

因此，我们可以总结出书写时代书籍装帧演变的顺序：简册装—卷轴装—经折装—旋风装。

2. 了解古代书籍的装帧印刷

活动设计：学生观察蝴蝶装书籍样式模板，结合图片，学习、了解古代的几种书籍形式。

问题设计：（1）哪种书籍形式揭开了我国古代书籍的印刷时代？

师：这块雕有文字的刻板，再一次向我们证明了古人的聪明才智。同时雕版印刷也揭开了我国古代书籍的印刷时代。（师出雕版图片）而这种雕版印刷的书籍，因其翻动起来像蝴蝶在飞舞，故而得名"蝴蝶装"。我们来看一下老师带来的蝴蝶装的内页纸，它的装帧特点有什么？（生答）正如刚才有同学说的，在厉行节约的今天，这种排版太浪费。但古人这样排版是有它的审美在里面的。我国古代有"天人合一"的思想，王羲之的《兰亭集序》中有一句话，"仰观宇宙之大，俯察品类之盛"，上边的空白叫天头，下边的空白叫地脚，天要大，地要小，这是古人对天和地的感悟。我们再来看：黑白对比，松紧对比、虚实对比。古人很讲究对比与统一的审美原则。猜猜这个黑色的是做什么用的？它叫鱼尾，是起装饰美化作用的。蝴蝶装是文字面向我们对折过来。我们把纸折过去就成了另一种装帧形式——包背装。包背装与我们今天见的平装书很接近，加上线就成了线装形式。（出示包背装与线装的图片，引出印刷时代：蝴蝶装—包背装—线装）

（三）寻美探究

设计思路：在了解中国古代书籍装帧形式特点的基础上，本环节先在背景音乐衬托下滚动播放各种书籍图片，由古籍过渡到现代书籍，紧接着教师出示手中的书籍，师生讨论书籍装帧设计包括哪些部分，然后动手拼贴书籍封面，引出书籍封面设计三要素。

设计意图：运用师生互动、实践探究等方式，使学生在了解书籍装帧设计包括哪些部分的基础上，学习并掌握书籍封面设计的三要素。

1.了解书籍装帧设计内容

活动设计：了解我国古代书籍的装帧特点。

问题设计：书籍装帧设计包括哪些部分？

师：从雕版刻字到活字印刷，我国古代书籍的装帧设计各具特色。老师找到了几本古代装帧样式书籍，同学们可近距离观察、感受一下，看看它们有什么特点。从色彩到材料应用，我国古代书籍都蕴藏着深厚的文化底蕴。

师：从书写时代的竹简、卷轴书到印刷时代各种造型美观、设计新颖的平装、精装书，无论中国还是外国，书籍的发展史让我们感叹人类几千年文明传承的同时，对书籍装帧也有了更清晰的认识与了解。读万卷书，行万里路，书籍是人类智慧、意志、理想的最佳体现，是人们表达思想、传播知识、积累文化的载体。作为人类的好朋友，书籍也一直受到大家的喜爱，爱书，就要了解书的结构。（屏幕滚动播放中外书籍）

（屏幕出示卡通书形象——大家对我的发展历程有了大概的了解，作为你们的好朋友，你是不是更想了解现代的我在外形结构上有了哪些变化呢？下面，就请你们跟随老师感受一下书籍装帧的魅力吧！）

师：大家看这本书的结构，包括封面、封底、护封、勒口、环衬、扉页、正文等。下面请拿出自己带来的书籍，同位间交流，找出书籍装帧的特点。

同学们介绍了自己的书，各有特色，下面就让我们走进书店，浏览一群个性书籍，在轻松的氛围中来一场视觉的饕餮盛宴。（播放视频《会动的书》）

2.实践探究书籍装帧设计的要素

活动设计：观看书籍动画视频，学生讨论，探究得出书籍封面设计的三要素。

问题设计：书籍装帧设计的三要素是什么？

师：在播放视频的一瞬间，最先映入你眼帘的是书的什么？对！是色彩、文字和图形。

色彩是最容易打动读者的书籍设计语言，虽然每个人对色彩的感觉有差异，但对色彩的感官认识是有共同点的。因此，色彩的设计要与书籍内容呼应。

封面上简练的文字主要是书名（包括丛书名、副书名）、作者名和出版社名。这些留在封面上的文字信息，在设计中起着举足轻重的作用。

图形包括摄影、插图和图案，有写实的、抽象的、写意的。

（四）赏美启智

设计思路：以小游戏加强学生对古代书籍装帧设计的认知记忆。

设计意图：以游戏活动启发学生的创意思维。

活动设计：同学按S形顺序进行关于书籍的词语接龙游戏，接不上或超时的同学回答问题。

问题设计：（1）中国最早的书籍形式是什么？

（2）中国古代书籍中使用时间最长的书籍形式是什么？

（3）"鱼尾"在蝴蝶装中起什么作用？

（4）哪本书的装帧源于经折装？请从老师带来的书籍中挑选。

师：下面我们来做一个好玩的游戏，每位同学用一个词语来形容你的书籍装帧设计中的色彩、文字、图形的特点。速度慢的学生回答以下问题。

（1）中国最早的书籍形式是什么？

（2）中国古代书籍中使用时间最长的书籍形式是什么？

（3）"鱼尾"在蝴蝶装中起什么作用？

（4）哪本书的装帧源于经折装？请从老师带来的书籍中挑选。

答对的同学可以获得老师赠送的一本用彩纸做的手工书。（学生开始做游戏，回答问题）

（五）创美达意

设计思路：教师选取一种书籍装帧形式进行设计制作演示，学生用手中的材料尝试进行书籍装帧设计。

设计意图：教师示范启发学生创作思维，鼓励学生动手实践，亲身体验创作乐趣的同时，提高动手能力与创新能力。

1. 教师示范，启发思维

活动设计：教师选取一种手工书，按其样式给学生示范。

问题设计：老师在设计制作时用了那些方法？

师：下面我选一种书籍装帧的样式，给大家用卡纸材料演示一下。（教师演示）细心的同学会发现老师在设计制作时用到了剪、折、刻、贴、画等手法。除了老师做的这种样式，我们还可以做成其他多种装帧样式。

2. 点评作品，鼓励创新

活动设计：学生将设计制作好的书籍样式贴在教室展板上，师生点评，找出班级最美的书，老师把自己做的书赠给他。

问题设计：书籍装帧设计的灵魂是什么？

师：创意是设计的灵魂，我们学习了解了古今中外书籍的装帧设计历史与特点，并设计出了这么多样式丰富、适合书本主题的漂亮的书籍封面，下面我们就来找一找，谁的设计作品是今天最美的书籍设计。

（六）尚美提升

设计思路一：出示《中国记忆》一书并做简介。

设计意图：开阔学生视野，提升学生对书籍装帧设计的认知，加强爱国意识与民族自豪感。

活动设计：播放 2008 年获评"世界最美书籍"的《中国记忆》一书的图片，教师讲解。

师：这是 2008 年在德国莱比锡举行的"世界最美书籍"评选中获奖的描写中华五千年文明瑰宝的《中国记忆》一书。（出示图片及"2008 世界最美书籍"《中国记忆》的文字）

从同学们刚才的书籍装帧设计制作中，老师看到了你们的潜质，相信不久的将来，你们的作品也将获得"世界最美书籍"的称号。

设计思路二：滚动播放校园中学生读书的图片，在背景音乐衬托下，教师朗诵《阅读，心灵的旅行》，结束本课学习。

设计意图：通过欣赏学生读书的图片与声情并茂的朗诵，激发学生对书籍的热爱之情与读书的愿望。

活动设计：播放音乐、视频，教师朗读。

师：同学们，书籍是人类文明的伟大标志，人们通过读书，拓展思维，增长知识。书籍在记载历史、传承文明的同时，也以它的各式装帧开阔了我们的视野。好书犹如好朋友，见证着我们成长的足迹，丰富着我们的人生。"窗竹影摇书案上，野泉声入砚池中。"让我们在以后的岁月中，继续以书为伴，让心灵的旅程多姿多彩，浸透书香。

板书设计

书林漫步——书籍装帧设计

1. 书写时代：简册装—卷轴装—经折装—旋风装。
2. 印刷时代：蝴蝶装—包背装—线装。
3. 封面设计三要素：色彩、文字、图形。

教学评价

有趣的学习方法可以更好地促进学生的美术专业学习。在进行本课教学设计时，我首先根据教材内容及学生思维比较活跃的特点，以学生感兴趣的情境教学方式，带领学生了解古今中外书籍装帧设计的相关知识，扩展学生知识面的同时，提高学生的设计能力。丰富的图片资料与详尽的文字阐述有助于学生快速了解书籍的发展演变及装帧特点，教学过程中对实物书籍的观察分析、游戏接龙等活动的开展，既活跃了课堂气氛，又使学生轻松了解了我国现代书籍设计的多样性与创新性，也使学生深刻感知书籍设计的文化意义之所在，增强了爱国意识和民族自豪感。不足之处，一是游戏接龙环节时间过长，二是作业评价环节还需要加强。

教学设计3 凝练的视觉符号——标志设计

教材分析

本单元是初中阶段的首次设计课，编者充分考虑了学生的学习认知水平，循序渐进，第一课先从学生感兴趣的各种标志入手，为第二节课吉祥物的设计学习做好铺垫。教材图文并茂地讲解了什么是标志和标志的分类，并详细展示了标志的创作过程与方法。学生在学习本课时可以结合生活中的标志实物，亲身体验、学习和领会标志的设计原则，学习设计要素，掌握设计方法及表现形式，最后在设计标志时提升审美创意水平。教材为师生的学习留有充足空间，通过欣赏、讨论、体验等学习方法与过程，让学生感受标志之美，并能设计出信息准确、具有审美意义的标志图案。

学情分析

初一学生学习积极性与主动性较强，对美术学科的学习不再仅仅停留于感性认识方面，而是随着理解能力的提升，已经能较全面地理解美术作品表达的含义。教学中运用赏析、触摸、比较、讨论等各种教学与学习方法，可以使每个学生都能参加到积极动脑的思维活动中，真正做到面向全体。同时，运用多媒体手段及实物现场演示，优化课堂教学，激发学生兴趣，提高课堂效率。多法并用，既培养了学生分析作品的能力，又启发了学生的思维。

教学设计思路

标志在生活中的应用非常广泛，为激发学生学习兴趣，教学设计中注重联系生活实际，以小组合作学习的形式，通过分类搜集标志以及分析标志与普通图形的区别，了解标志的艺术特征。结合多媒体手段与丰富的标志图形实物，通过讨论等形式，学习并掌握标志设计的方式方法与设计要素，并通过让学生设计班徽的作业与欣赏优秀标志作品环节，加强学生的思想教育，提升学生的鉴赏品位与设计能力。

课件设计流程

本节课课件采用菜单交互式，图文并茂，将图片、文字、视频、音乐完美融合，结合生活中的标志图案，带领学生了解标志的概念、起源、发展；播放贴近学生生活实际的视频，激发学生的学习兴趣，学会并掌握标志的种类、标志的社会作用及组合方式；随后欣赏一组有创意的标志作品，为学生即将进行的标志设计提供借鉴；最后，播放家居设计、环境设计、海报设计、工业产品设计等视频，结束本课。

三维教学目标

知识与技能：认识和了解标志的概念、艺术特点、组合方式等，掌握其简单的设计原则与功能。

过程与方法：引导学生通过欣赏图片、搜集和展示各种标志图例，调动学生的学习积极性，养成动脑思考的良好习惯。

情感、态度、价值观：培养学生的设计意识，提高学生对美的感受能力和艺术创造能力及团队意识。

教学重点:（1）了解标志的分类与标志设计要求。

（2）学习如何设计标志，体验标志的设计过程，掌握制作特点。

教学难点：结合欣赏和设计活动，启发学生认识和体会标志的艺术美感。

教具准备：多媒体课件、标志实物图片、水彩笔等。

学具准备：水彩笔、搜集的标志图案、作业本、颜料、画笔等。

教学实施过程

（一）艺美引导

设计思路：创设情境，用故事引出课题。

设计意图：以趣味性故事，带领学生进入本课的学习。

活动设计：教师讲故事——语言不通的外国人，如何在异地找到自己要去的场所？学生聆听并分析。

问题设计：标志在生活中有什么作用？

师：同学们，喜欢听故事吗？老师现在就来讲一个。有一个外国人来到某个语言不通的国家，下飞机后，他不想花费找翻译，但首先要解决吃饭问题，然后要坐车去办事，在没有翻译、语言不通的情况下，这位客人应如何做呢？（学生回答，引出标志）可见，标志在我们的生活中起着重要的指示作用。好的标志设计都有什么特点呢？今天，就让我们走进标志，了解标志的设计魅力。（引出课题：凝练的视觉符号——标志设计）

（二）阅美感悟

设计思路：观看 PPT 中标志的图片，师生互动回答问题，了解标志的概念；通过观看校徽标志，分析得出标志的分类。

设计意图：标志设计的分类是本课的重点之一，通过课前活动，学生已有初步了解，因此在课堂教学中，要使学生主动参与教学活动，加深了解。师生共同赏析著名的标志设计，丰富视觉形象，积累设计素材。

1. 标志的概念

活动设计：学生看书和图片介绍，结合教师讲解，了解标志的概念及历史。

问题设计：什么是标志？

师：什么是标志呢？它跟普通的图形又有什么区别呢？标志是人们用来识别和传达信息的一种象征性视觉符号，它用精练的艺术形象传递信息。

标志的来历可以追溯到上古时代的"图腾"。那个时候，每个民族和部落都选用一种他们认为与自己有神秘关系的动物或自然物象作为本氏族或部落的特殊标记。随着社会的发展，国家出现以后，图腾就演变成了国旗或国徽。随着社会经济的发展，许多场合需要简练、概括的通用符号来传达某种信息，所以标志就越来越多地出现在各个领域与各种场合。

2. 标志的分类

活动设计：分组观察自己搜集的标志图案，讨论后请学生到前面介绍它的特点，观察并得出标志的分类。

问题设计：（1）这些标志在造型、色彩、纹样上有什么特点？

（2）它们分别属于什么种类？

师：现在，随着社会经济的发展，标志的应用越来越广泛，我们每天都能在不同的场合看到很多标志，课前老师已经布置让大家搜集标志的任务，现在我们就把搜集到的标志分组展示出来，看看这些标志在造型、色彩及纹样上有什么特点。你知道它有什么作用吗？（学生展示并介绍搜集的标志图案，教师给予肯定并补充）像这类用于商品之上、用于宣传和介绍商品的标志，我们称之为商标。而这种用于大型活动的标志，我们把它称为节庆活动标志。用于公共场所的这类标志我们称为公共标志。再回过头来看我们的校徽，主要是突出表现团体的性质。还有国徽、运动会标识等，我们称其为徽标。既然已经了解了标志的分类，下面给大家两分钟时间，快速地将手中的标志图案分类摆放。（学生快速分类摆放好）

（三）寻美探究

设计思路：标志设计的重点之一是其艺术特征。播放济宁步行街商铺视频，学生通过各类店铺标志，讨论、分析并归纳出其艺术特征及功能；设置"盲盒猜猜看"游戏，通过对比引出标志的三种组合方式。

设计意图：标志的艺术特征与组合方式也是本课的重点，以游戏和观看视频的学习方式引发学习兴趣；学生自主分析讨论，培养学生的探究能力与合作学习精神。

1. 标志的艺术特征与功能

活动设计：播放济宁步行街商铺视频，让学生寻找标志，讨论、探究出标志的特点与功能。

问题设计：（1）这些标志的艺术特点是什么？

（2）标志有什么功能？

师：无论哪一类标志都蕴含着大量的信息，有着独特的艺术魅力。下面，请跟随老师的摄像机，来到步行街，领略标志的艺术魅力。（学生观看视频）看完后各小组讨论两个问题：一是这些标志的艺术特点是什么？二是标志有什么功能？（学生讨论后得出标志的四个艺术特征和功能）根据刚才这几位同学的回答，我们把标志的艺术特征概括为：简练、美观、易识别、传递信息明确。

请看大屏幕上的两个标志，你更喜欢哪一个？为什么？（生答：因为它简洁、明快又美观）再看这一个标志，它是宣传什么的？禁止吸烟。无论设计什么标志，都要准确地传递信息。一个好的标志，不仅要准确传递信息，还要简洁美观，这也是标志设计的基本要求。

　　而标志的功能是帮助公众识别各家企业，传达企业信息，提升企业形象，象征企业核心文化，保护消费者权益，同时保护企业权益。标志有识别、象征、传播、保护四个功能。

　　2. 标志设计的组合方式

　　活动设计：每组同学在盲盒中抽取一个标志，分析其艺术特色，然后各组间进行比较。

　　问题设计：标志的组合方式有哪些？

　　师：我们来玩一个猜猜看的游戏，在每个小组桌子上都有一个盒子，里面放着一些商标图案。请大家随机拿出一个图案，看看它有什么艺术特点。（学生抽出标志，进行分析）好，你能看出它们在构成上有什么不同吗？（生讨论）文字型、图案型、综合型正是标志的三种不同组合方式。

　　（四）赏美启智

　　设计思路：在优美的背景音乐中欣赏一组创意标志作品，使学生进一步感受标志的功能与艺术魅力。

　　设计意图：赏析优秀标志作品，巩固前面所学知识，启发学生创意设计思维，为下一步设计作业储备素材元素。

　　活动设计：播放图片，快速分辨每张标志图片属哪种组合形式，随后欣赏一组标志，加强学生对标志的认知。

　　问题设计：标志的含义是什么？

　　师：从刚才的快速回答中可以看出，同学们对标志的组合方式已经掌握得很好了。2022 年北京冬奥会开幕式给我们留下深刻印象，同样印象深刻的还有它的会徽——冬梦。请同学们看老师手中的冬奥会标志模型，请大家分析一下其组合形式和艺术特色。（学生分析）对，这届冬奥会的标志是图文组合，整个标志主色调为蓝色，主要由会徽图形、文字标志、奥林匹克五环标志三个部分组成。图形主体形似汉字"冬"的书法体，图形上半部分展现滑冰运动员的造型，下半部分表现滑雪运动员的英姿，中间舞动的线条流畅且充满韵律，代表举办地起伏的山峦、赛场、冰雪滑道和节日飘舞的丝带，为会徽增添了欢庆的视觉感受。这个标志大家一定很熟悉，奥运会五环代表的是五大洲，而奥迪汽车的四环又有什么含义呢？

　　许多男同学喜欢研究汽车，哪位同学解读一下这个汽车标志的含义？（学生回答）德国大众汽车公司生产的奥迪汽车，其标志是四个连环圆圈，它是其前身——

汽车联合公司于 1932 年成立时即使用的统一车标。四个圆环表示公司当初是由霍赫、奥迪、DKW 和旺德诺四家公司合并而成的，每一环都是其中一个公司的象征。半径相等的四个紧扣圆环，象征公司成员平等、互利、协作的亲密关系和奋发向上的敬业精神。由此可见，标志代表着企业的经营理念、企业的文化特色、企业的规模、经营的内容和特点，因而是企业精神的具体象征。因此可以说，大众对于标志的认同等于对企业的认同。只有企业的经营内容或企业的实态与外部象征——企业标志相一致时，才有可能获得社会大众的一致认同。因此，标志具有识别、象征、审美和增强凝聚力的作用。（音乐背景中学生观看其他标志设计作品）

（五）创美达意

设计思路一：教师演示班徽设计过程，鼓励学生拓展思维，进行学校运动会标志或班级班徽设计，播放背景音乐。

设计意图：学生通过设计，亲身体验创作的乐趣，感受并体会标志的含义及其与生活的紧密联系，设计作品时播放轻音乐以舒缓气氛，使课堂张弛有度。

活动设计：学生开始在作业本上设计标志，教师巡回辅导。

师：老师今天为一班设计一个班徽。奉雅一班的班风为自信、励志、合作、竞争；班训为文明高雅、乐学善思。根据班级文化，我将班名"奉雅"的拼音首字母 F、Y 变形为一个动感的抽象人物，意为自信、合作、乐学善思与朝气蓬勃。标志的主色是中国传统颜色朱红色，沉稳大气，具有中国传统文化韵味。由此可见，标志设计一定要将所要表达的内涵以简洁明了的图形或文字表达出来。

同学们，今天我们欣赏、评析了这么多精美的标志，学习、了解了标志的相关知识，下面就来亲身实践一下，看看大家是否掌握了这节课的内容。请同学们为我校的春季运动会或者班级创意设计一个精美的标志，要注意体现运动会的精神与班级文化。下面就请同学们在轻松的音乐声中展示自己的设计才华吧！（学生做作业，教师巡回辅导）

设计思路二：师生评价标志设计的形式与艺术特色，交流设计创意。

设计意图：巩固本课所学知识，加强学生的设计能力，培养创新思维，提升学生对标志的认知及设计创新意识。

活动设计：挑选有创意的作品进行展示，教师与学生就作品的艺术性及创新性进行点评。

师：刚才大家的评述都很好，这些同学的作品，有的图文结合有创意，有的文字表现有张力，都能充分体现运动会精神和班级文化，为大家的精彩展示鼓掌！

（六）尚美提升

设计思路：滚动播放其他设计作品视频，教师讲解并结束本课。

设计意图：通过欣赏其他设计作品，拓宽视野，提升审美品位，增强学习美术的积极性和热爱生活的情感。

活动设计：学生观看演出视频。

（学生观看视频，赏析作品）

师：同学们，这节课我们利用各种方式了解并学习了标志的概念、功能、特点及组合方式等，大家也设计出许多有创意的标志，老师感到很欣慰。生活处处是设计，除标志作品外，我们会发现家居设计、环境设计、海报设计、工业产品设计等作品，一直在美化着我们的生活。希望在以后的学习生活中，同学们依然能用自己的智慧与知识去设计更加美好的明天！

板书设计

凝练的视觉符号——标志设计

1. 标志的概念：标志是人们用来识别和传达信息的一种象征性视觉符号，它用精练的艺术形象传递信息。

2. 标志的分类：徽标、商业标志、公共标识、活动标志。

3. 标志的组合：图案型（具象、抽象）、文字型、图文结合。

4. 标志的艺术特征：简练、美观、易识别、传递信息明确。

5. 标志的功能：识别、象征、传播、保护。

教学评价

本课在教学设计中根据学生兴趣点，运用多媒体技术将现代生活体验和设计元素带入美术课堂，通过搜集、欣赏不同标志的图片与实物，使学生发现生活中的美与设计创意。教学始终围绕标志图形与实物观察来进行艺术感受、体验、探究和创造，注重学生的直观感受的同时，在创作环节更注重学生的体验，挖掘学生潜在的设计才能，不断激励学生，教学效果良好。今后在时间安排上还可以将学生做作业的时间适当延长，这样作品呈现得会更完整。

教学设计 4　综合材料装饰画

教材分析

装饰画是一种常见的居室装饰艺术形式，它有着鲜明的艺术特色和独特的审美情趣，具有很高的实用性和审美性。装饰画体现了艺术创作中最基本的审美观念和精神品质，操作简单，材料多样。本课运用综合材料，从平面造型入手进行工艺装饰画的设计制作。在教材提供的作品范例中，所选用的材料丰富多样，包括蛋壳、贝壳、羽毛、布屑、毛线、树皮、树枝、树叶、松球、秸秆、棉花、瓜子皮、玉米皮、沙子、石子、纸头、卡纸、瓦楞纸、报纸、木筷、胶片、纽扣、易拉罐、电路板泡塑等。这些材料易于搜集且加工简单，不需要太多特殊的工具。制作方法主要是在平面的底板上排列拼摆再粘贴固定，最后可根据观赏的需要为作品添加装饰外框。本课运用各种材料综合探索装饰画的设计制作，教学活动结合多方面的综合因素，以实践为主，根据材料的造型、色彩、质地、肌理构思艺术形象。本课旨在全面培养学生的想象力、创造力、动手能力，提高其综合运用美术语言表达情感、美化生活的能力。

学情分析

八年级学生在美术作品的理解、评析等方面已初步形成基本的认知，具备一定的创新意识，能掌握基本的绘画技能及手工技法，但对综合材料装饰画的制作方法运用得不太熟练。根据学生特点，教学设计中可以欣赏探究实践情境为主，通过对材料特点、造型构图、色彩、材质等因素的探究学习，全方位开发学生的创造潜能，引导学生在实践操作中探究与发现，掌握装饰画的设计原则，找到不同知识之间的联系，创造性地解决问题，发展综合实践能力，提高文化素养和艺术品位。

教学设计思路

本课以实践探究的教学方式为主，按照以发现问题、探究讨论、分析比较、创意解决为主线的思路，通过带有装饰特点的生活实物与图片，引导学生了解装饰画的演变发展以及概念。

课件设计流程

本课课件注重色彩美、形式美、材料美的呈现，采用菜单交互式，将图片、文字、视频、音乐完美融合，结合生活实物，以精美图片带领学生认识材料装饰之美，了解综合材料装饰画的特点及概念；以图片快速答游戏带领学生认识装饰画的设计材料；让学生欣赏多幅装饰画图片，为即将进行的创意、实践制作提供借鉴。欣赏视频，观察苗族节日盛装演出时服饰上的装饰，拓宽视野，提升审美品位，体会装饰在现代生活中的应用。

三维教学目标

知识与技能：认识各种材料的特性，感受综合材料装饰画的艺术特色，学会根据材料的视觉效果进行联想、构思设计，搭配组合，制作成观赏性较强的平面装饰画。

过程与方法：课前搜集各种有利用价值的材料，课上与同学交流分析材料特性，感受各种材料的特色，独立完成或合作完成一幅综合材料装饰画。

情感、态度、价值观：通过材料的搜集、利用和艺术创造，增强其利用各种材料美化居室环境的综合能力与环保意识，提升利用废弃物制作工艺品的兴趣，养成善于观察周围物象、善于联想并付诸艺术创作实践的特质。

教学重点：感受综合材料装饰画的艺术特色，初步掌握综合材料装饰画的题材、造型、构图、色彩、材质等独特的艺术语言。

教学难点：引导学生"因材施艺"。完成一幅综合材料装饰画作品，培养学生综合运用知识的能力，提高其文化素养和艺术品位。

教具准备：装饰画的优秀范例、植物树叶、手工动物、装饰效果的衣服、帽子、纸张、颜料、多媒体课件等。

学具准备：搜集的树叶、废旧材料、装饰图片、色彩工具、卡纸等。

教学实施过程

（一）艺美引导

设计思路：教师用以彩布和树叶材料制作的作品《月光》作为引导，认识综合材料装饰画在美化生活中所起的作用，引出课题。

设计意图：认识综合材料美化环境的作用，以简洁直观的方式吸引学生注意力，带领学生进入本课的学习。

活动设计：教师快速在卡纸上用彩色布料和树叶粘贴出一幅装饰画《月光》。

问题设计：生活中的各种材料有什么用途？

师：讲课前，老师给大家呈现一件美术作品，请同学们仔细观察，看我是用什么方式表现的？（教师快速粘贴一幅装饰画，学生观察并回答）同学们观察得很仔细，我用废弃的彩色布条与树叶给大家呈现了一幅漂亮的装饰画。如果让你来设计制作，你会选择什么材料？（学生讨论并回答）生活中的废弃材料很多，丢掉了会很可惜，我们可以尝试把它们再利用，来装饰美化我们的生活空间。这节课，老师

就带领大家学习综合材料装饰画的设计与制作。请同学们打开书本。（板书课题：综合材料装饰画）

（二）阅美感悟

设计思路：初识综合材料装饰画之美——引导学生对比油画作品《月夜》与装饰画《月光》，认识写实绘画与装饰画的区别，发现生活中的综合材料装饰画在造型、色彩、材料运用上的美丽之处。

设计意图：学生通过对比欣赏、观察作品探究出综合材料装饰画的特点，体会不同材料的装饰画在生活空间装饰中所起的作用。

1. 了解装饰画与写实绘画的区别

活动设计：教师出示油画《月夜》，与刚刚完成的装饰画《月光》进行对比，讨论并探究得出写实绘画与装饰画的不同艺术效果。

问题设计：装饰画与写实绘画有何区别？

师：同样是表现美丽的月夜，这两幅作品带给你什么样的感受？（学生讨论，然后回答）材料装饰画与绘画最大的不同之处就是能运用不同材料给我们带来意想不到的妙趣横生的效果。具体一点说，装饰画与写实绘画的区别到底在哪儿？小组内讨论一下。（学生讨论，然后回答）

师：二者的区别在于，写实绘画偏重于对自然的再现，强调对社会现实的反映；装饰画多运用变形、夸张、概括、归纳等手法，强调的是单纯、平面、秩序的装饰美。而综合材料的巧妙运用和处理，更能体现一种独特的装饰美感。

2. 了解综合材料装饰画的特点

活动设计：欣赏一组各种材料制作的装饰画，学生观看、分析并讨论，总结出综合材料装饰画的特点。

问题设计：综合材料装饰画有什么特点？

（PPT播放一组综合材料装饰画作品，学生观看）

师：我们在这些作品中可以看出，创作综合材料装饰画时对材料的巧妙选用，是形成既合乎常理又超乎想象、既形象生动又妙趣横生的视觉美感的重要因素。欣赏了这些妙趣横生的装饰画，我们总结一下，综合材料装饰画的特点是什么？（学生总结）回答得很好！综合材料装饰画的特点有这几个：就地取材、因材施艺、构图饱满、色彩协调。（教师板书特点）

（三）寻美探究

设计思路一：分组展示多幅综合材料装饰画，通过观察，认知材料装饰画的用材与画面所表现的主题的关系。

设计意图：通过观察分析实物装饰画如何因材施艺、因形选材，锻炼学生的观察、分析能力，感受综合材料装饰画的美感，提高审美认知水平。

活动设计：学生观察实物装饰画的材料组合与组织形式，讨论并分析材料装饰画的选材与表现内容的关系。

问题设计：材料装饰画选材有什么要求？

师：装饰画可以用绘画作品制作，还可以用很多种材料制作。每一种材料都有各自的形态、色彩、肌理等，它们的厚薄、轻重、粗细、明暗各不相同。合理地选用材料，可以大大增强画面的装饰效果。现在请大家仔细观察和触摸我们教室里的装饰画作品，寻找其应用材料有什么特点？为什么用这种材料而不是用其他材料？（学生观察装饰画，讨论并回答）

设计思路二：实践探究装饰画的形式美感。

设计意图：通过选材组合装饰画小练习，体验装饰画的形式美感。

活动设计：师生在黑板上将树叶与贝壳、毛线等组合在一起，拼成《金鱼戏水》的装饰画，亲身体验装饰画的组织形式，并通过讨论，探究得出装饰画的组成元素。

问题设计：组合装饰画产生了什么样的形式美感？

（教师出示几种材料——贝壳、毛线、纽扣等与勾线草稿《金鱼戏水》，请学生到前面进行选材粘贴）

师：材料的运用，主要还是看画作内容，这两位同学根据绘画内容进行选材，充分体现了材料在装饰画中的作用，可谓妙趣横生。装饰之美无处不在，它可以在生活日用品上展现，也可以用这种粘贴的形式，融合材料之美，展示装饰画的魅力。所以，综合材料装饰画的形式美感我们可以概括为：表现平面化、构图饱满化、色彩主观化、材料合理化。（教师板书）

（四）赏美启智

设计思路：以游戏的形式猜一猜所看装饰画使用的材料，思考其色彩原理是什么。（答对者奖励对应的材料或彩笔）

设计意图：赏析优秀装饰画作品，启发学生的创意思维。

活动设计：播放几幅图片，让学生快速分辨，说出这些装饰画运用了哪种材质，加强学生对综合材料装饰画美感的认知与理解。

问题设计：材料装饰画设计怎样做到因材造型，因形施艺？

师：不同材料组合的装饰画，艺术效果也不同，但在设计创作装饰画时，首先要考虑"因材施艺",才能取得较好的艺术效果。下面我们来做个有奖抢答的游戏,看看同学们能否快速说出装饰画的主要用材是什么。(教师快速播放 PPT,学生回答,最后对速度快、回答正确的学生给予奖励———一袋装饰画用材)巧妙运用废旧材料,可以创造出丰富的视觉效果,我们欣赏的材料装饰画怎样做到因材造型、因材施艺的?(学生讨论回答)这位同学回答得不错,在选择材料做装饰画时,要根据画作表现内容,挑选质地、色彩、形状适宜的材料进行搭配与粘贴。

（五）创美达意

设计思路一:鼓励学生拓展思维,利用搜集的材料设计创意装饰画,亲身体验创作的乐趣。学生制作,教师辅导。

设计意图:增强学生动手能力的同时,开发学生的创造力与想象力,使其亲身感受艺术品的美感,增强小组合作能力。

活动设计:学生以小组为单位合作构思一幅简单的作品,选取各种材料完成一幅精美的装饰画,置于展示架上。

师:创意是创作的灵魂,我们欣赏、探究了装饰美,还要学会装饰画的设计与创意。装饰画在美化生活空间方面的作用是有目共睹的,想必同学们也想创作一张挂在自己的房间里了。剩余的时间就交给大家,小组合作共同把你们的思想与创意以装饰画的形现表达出来。(学生以组为单位,合作构思并绘制草图,教师提示)

1. 装饰画的创作注意事项

（1）确定题材:有喜欢的题材,我们在造型上怎样设计才能创作出新颖的作品?

（2）设计造型:省略概括,变形夸张,装饰细节,大胆想象………

（3）安排构图:对称式构图,均衡式构图,适合式构图………

（4）选择色彩:借鉴艺术大师的作品,创作和谐统一的色彩;借鉴民间美术作品,创作对比强烈的色彩;借鉴现代设计,创作丰富的装饰色彩……

（5）巧用材质:巧妙运用废旧材料,可以创造出丰富的色彩效果。

2. 制作提示

确定题材;设计造型,安排构图;分块剪开;借鉴色彩（不超过 5 个颜色）;剪下色块（忽略图案和文字）;按照图样剪报纸（大胆概括）;粘贴（留空隙）;装饰完成。

（学生开始创作,教师巡回辅导）

设计思路二:师生评价制作的装饰画,交流制作过程中的经验;将完成的作品拍照留念，师生互相赠送作品。教师小结。列举装饰画在各种领域的应用与作用。

设计意图：巩固本课所学知识，加强学生的动手能力，培养创新思维，提升学生对装饰画的认知及装点美化生活的能力。

活动设计：师生对作品进行点评，找出作品的优点与不足，提出用材、构图、粘贴等方面的建议。

问题设计：简要评述自己小组创作的作品的艺术特色是什么？

师：请大家欣赏展架上的作品，因材施艺，创意新颖，教室因为这些装饰画而熠熠生辉。我们从题材、构图形式、色彩、用材等几方面来看看每幅作品的特点及含义。（学生自评、互评及师评）

（六）尚美提升

设计思路：欣赏苗族节日盛装时服饰上的装饰，拓宽视野，提升审美品位，体会装饰在现代生活中的应用。

设计意图：欣赏视频中的装饰效果，提升对装饰美的认识与审美品位，加深爱国主义情感。

活动设计：学生观看演出视频，说出视频中的装饰元素。

问题设计：视频中的服饰，其装饰特点是什么？

师：装饰画不会局限于一种形式，装饰艺术随着时代的发展，不仅使我们的生活越来越美，更借助高科技手段向世界展现出它独有的魅力。

板书设计

综合材料装饰画

1. 概念。

2. 特点：就地取材、因材施艺、构图饱满、色彩协调。

3. 形式美感：表现平面化；构图饱满化；色彩主观化；材料合理化。

教学评价

本课运用各种材料综合探索装饰画的设计制作，教学活动结合多方面的综合因素，以实践为主，根据材料的造型、色彩、质地、肌理构思分析艺术形象。根据教材内容与学生特点，通过师生活动、游戏等教法学法，提高了学生的学习兴趣与热情。采用"一问题一活动"的方法，使教学难点由浅入深，循序渐进地得到解决，教学方法贴近学生生活实际，学以致用，对培养学生热爱生活以及提高其动手能力、创造能力效果显著。不足：教学中对装饰画的创作主旨与表现讲解不透彻，学生的创意设计理念还须加强，以后备课时要重视。

教学设计 5　书间精灵——藏书票

教材分析

本单元的内容都和读书、爱书相关，学生通过前面两课的学习了解了书籍设计的基础知识以及手工书设计的基本原理与方法、手工书的制作方法，还有藏书印的发展沿革、藏书印的制作方法。本节课在此基础上进一步拓展学生读书、爱书的情结，学习藏书票的种类、题材等相关知识以及藏书票的制作方法。藏书票是一枚贴在书籍扉页上的微型版画，以示书籍之主人的珍惜。本课会欣赏大量的藏书票，辅以生动的讲解，使学生从藏书票的实用和审美双重功能中感受美术的社会价值，从而进一步提高进行审美创作的热情。

学情分析

本节课的授课对象是八年级学生。这一阶段的学生经过七年级的学习，已经对基础的美术知识有了相关的了解，对美术已经产生了较为浓厚的兴趣，并且有较强的自主学习、合作学习的能力，这对八年级授课产生了一定的帮助，教师会更加注重激发学生的创造精神和培养学生的实践能力。结合学生特点，本课精心设计了游戏环节，吸引学生注意力，引导学生关注藏书，在授课过程中更注重创造条件，让学生发表自己见解，展现个性，结合多媒体信息技术和教师示范环节，让学生体会创作的乐趣，从而使学生的动手能力和实践能力得到进一步提升，也培养了学生爱书、珍惜书的好习惯。

学生虽然对藏书票了解很少，可是他们喜爱读书，而且之前学过一些版画的知识和版画技法，这使他们愿意去了解藏书票。

在创作 KT 版藏书票的过程中可能会在复稿、刻版、印刷等方面出现一些问题，针对这些具体的技法问题，我给予了有针对性的具体指导，最终达到了教学目的。

教学设计思路

本课学习藏书票的有关知识，了解藏书票的历史、构成、分类、表现题材和制作方法，从而使学生感受藏书票独特的艺术魅力。重点是掌握规范的吹塑版藏书票的制作方法，引导学生创作自己的作品。

课件设计流程

本课从日常藏书讲起，通过图片、视频、小游戏等展现形式，去引导学生了解藏书票的基本知识，欣赏藏书票。通过实物投影的手段展现藏书票，引导学生主动学习探索，从而加深对藏书票深厚文化内涵的理解，以提高学生的动手能力和审美能力，激发学生学习读书的兴趣，使其艺术修养得到提升。利用学生喜欢的书籍提升其对书籍的热爱及探索精神。

三维教学目标

知识与技能：认识藏书票，学会欣赏藏书票，学习 KT 版藏书票的制作方法。

过程与方法：通过师生之间的对话、同学之间的讨论以及不断递进互动式的探究学习，来培养学生的动手能力和创造精神。

情感、态度、价值观：培养学生相互合作、积极探索的精神，同时，让学生在藏书票的创作、设计中获得艺术创作的快乐和情感的交流，以培养学生读书、爱书、藏书的好习惯。

教学重点：藏书票的内容构成和制作方法。

教学难点：学生对 KT 版藏书票创作的创意设计。

教具准备：范作、课件、KT 版、分步演示材料、铅笔。

学具准备：铅笔、KT 版、颜料、油墨、湿抹布、胶棒及自己喜欢的一本书。

教学实施过程

（一）艺美引导

设计思路：用一笔画出刺猬，激发学生的兴趣，进而展示世界上第一枚藏书票《刺猬藏书票》，让学生比较容易接受。

设计意图：以简洁直观的方式，带领学生进入本课的学习。

活动设计：教师在黑板上画刺猬。

问题设计：大家看，我画的是什么？

师：可爱的小刺猬经常成为艺术家作品中的表现对象，大家看这个，与我画的刺猬有什么不同之处？（引出课题：书间精灵——藏书票）

（二）阅美感悟

设计思路：由藏书票引出定义，让学生更直观地认识藏书票。

设计意图：让学生学会思考，激发他们的探究欲望。介绍藏书印是为了让学生了解中国古代藏书人的藏书标记与西方的区别，也为本单元下一课的学习打下基础。

1. 忆藏书票历史

活动设计：让学生猜想为什么勒戈尔会选择刺猬作为创作原型。

问题设计：你们知道书的主人为什么会选择刺猬而不是别的形象作为表现对象吗？大家发现它贴在哪里了吗？

师：你们知道书的主人为什么会选择刺猬而不是别的形象作为表现对象吗？（学生回答）对！选择刺猬，是为了警告借书不还的人。藏书票就是读书人在自己藏书的扉页上贴的一幅小装饰画，作为书籍收藏者的印记。藏书票起源于15世纪的欧洲。它是一种小标志，以艺术的方式，标明藏书是属于谁的，也是书籍的美化装饰，属于小版画或微型版画，被人们誉为"版画珍珠""纸上宝石""书上蝴蝶""微型艺术"。它于20世纪初传入我国。一般是边长5~10厘米的版画作品，上面除主图案外，要有藏书者的姓名或别号、斋名等，国际上通行在藏书票上写上"EX—LIBRIS"（拉丁文字）。这一行拉丁文字，表示"属于私人藏书"，藏书票一般要贴在书的扉页上。

2. 品藏书票文化

活动设计：用视频进一步讲解藏书票的发展。

问题设计：（1）通过短片，你知道中国最早的藏书票是哪一枚吗？

（2）在这枚藏书票中，同学们能感受到书的主人对书的喜爱吗？从画面的哪部分能感受到的？

师：由此我们可以看出，无论是中国还是外国，古往今来，人们对书籍都十分热爱。（了解中国古代藏书印）其实，藏书票在没有传入我国之前，聪明的古代读书人已经在为自己的爱书做标记了。（图片滚动播放藏书印）藏书印，也叫藏书章，指藏书者专门钤于书本图册等的扉页，借以表明图书所有权和表达其个性情趣的一种印迹。藏书印通常由书籍的拥有者钤盖在书籍内页，可以表示个人所藏有，也可以表示是家族、学校或书阁、图书馆、租书店、寺院等机构的藏品，同时也往往反映收藏者的人品、气质和意愿等。藏书印兴于唐而盛于宋，及至明清，随着藏书活动和篆刻艺术的发展，使用藏书章的风气也逐渐在汉文化圈内普及开来。藏书印的种类很多，形制不一。

（三）寻美探究

设计思路：让学生通过与其他艺术形式对比的方式，快速找出藏书票的构成，便于在没有负担的基础上加深学生记忆。

设计意图：进一步感悟藏书票文化。

1. 思藏书票构成

活动设计：学生根据几幅不同的图片快速找出藏书票并说明原因，引出藏书票的构成。

问题设计：你能找出哪个是藏书票吗？为什么？藏书票是由哪几个部分组成的呢？

师：既然我们已经认识了藏书票，现在老师考考大家。（出示几幅小画：邮票、装饰画、火柴画、藏书票等学生找出哪幅是藏书票并说明原因）

师：藏书票有自己的构成，图案、文字、票主名、拉丁文 EX—LIBRIS。（教师板书藏书票的组成）

2. 赏藏书票题材

活动设计：用游戏的方式，让学生在欣赏的同时，了解藏书票的题材，增加了趣味性，也让学生获得成就感。

问题设计：看了这么多藏书票，老师想到最近有个电视节目《最强大脑》，我想看看咱班谁有着"最强大脑"，你都记住了哪些藏书票？它们的图案是什么？

师：（播放图片，学生快速记住藏书票的内容并回答）简单的图案、文字就组成了一张张小巧、经典的藏书票。让我们进一步感受藏书票的魅力吧。（欣赏图片，师解说）

师：（总结）藏书票的图案有植物、动物、人物、风景等。（师板书）

（四）赏美启智

设计思路：让学生自己总结步骤，便于下一步的创作。亲手触摸效果好，学生能更好地了解藏书票的制版材料，增加学习趣味性。

设计意图：加深学生对藏书票的认识，增强创作欲望，启发学生的创意思维。让学生零距离地观察、触摸其他制版材料。

活动设计：（1）学生观察教师演示，总结制作步骤。

（2）观察、触摸其他制版材料

问题设计：藏书票的设计都有哪几个步骤呢？

师：在这些题材中老师最喜欢动物题材，我现在就想做一枚，大家一起看看，其中有哪几个步骤呢？（教师演示 KT 版藏书票制作方法。让学生自己总结创作步骤）其实藏书票的材料很丰富，制版方式也很多。老师刚才用的是 KT 版，除此之外，常用版式还有很多，有铜板、木板、丝网版、橡皮版等。（实物展示丝网版、木板、铜板、橡皮版等，小组轮流触摸观察）

通过以上了解，我们知道藏书票是爱书、藏书人的标记，我相信同学们一定也有自己喜欢读的书，我们玩个爱书接龙的游戏吧。（学生接龙，说出自己喜欢的书籍）

（五）创美达意

设计思路：鼓励学生拓展思维，利用 KT 版材料设计制作藏书票，亲身体验创作的乐趣。让学生在介绍自己作品的同时，分享自己的爱书，增加本堂课的文化氛围，激发学生们爱书、藏书的欲望。

设计意图：让学生学会以版画形式制作藏书票，增强其动手能力的同时，开发学生的创造力与想象力，使其深刻理解藏书票与书籍的紧密联系。

活动设计：（1）课件出示作业要求，让学生设计一枚能表现自己兴趣爱好的藏书票（动物、植物、人物、风景、卡通都可），注意文字书写。

（2）将做好的藏书票贴在自己的藏书上，进行好书推荐会。学生本人讲述自己设计本幅藏书票的意图，小组评价，教师加以点评。以票会友，交换藏书票，增进同学间的友谊。

师：原来大家读的书这么多，看来你们也都是爱书之人呐。课前我们每个同学都带来了一本书，博学的你想不想为自己的藏书做一枚富有个性的藏书票呢？那就利用手中的材料，在方寸之间秀出你的风采吧！（学生创作，教师不断巡视引导）

（作业完成，师生一起对作品进行点评，指出优缺点及需要改进的地方）

（六）尚美提升

设计思路：将藏书票的学习引向深层次的对藏书票文化的思考。

设计意图：巩固本课所学知识，加强学生的动手能力，培养创新思维，提升学生对藏书票的认知。

活动设计：播放图片，阅读书籍名言，语言提升。

师：大家的想法很独特，动手能力也真不一般，重点是设计的藏书票为你们心爱的书增添了亮点。莎士比亚说过，生活里没有了书籍，就好像没有了阳光；智慧里没有了书籍，就好像鸟儿没有了翅膀。如果你的爱书能有一张精美的藏书票就更有阅读和收藏价值了。

同学们，希望你们在今后的学习中，能够多读书、读好书，养成读书、爱书、藏书的好习惯，积极生活、用心学习，做最快乐、最幸福、最美丽的人！

板书设计

书间精灵——藏书票

1.概念：藏书票就是读书人在自己藏书的扉页上贴的一幅小装饰画，作为书籍收藏者的印记。

2. 组成：图案、文字、票主名、拉丁舞 EX—LIBRIS。

3. 题材：植物、动物、人物、风景、几何。

教学评价

通过问题和活动设计，学生主动思考，获得知识。本课由世界第一枚藏书票切入，在激发学生兴趣的同时，使其更易于接受。让学生通过各种直观的感受，了解藏书票的基本知识，既轻松又有效。

采用 KT 版版画的方法创作藏书票，相对于木刻、石膏板版画等更适合课堂教学。教师通过示范 KT 版藏书票的具体制作方法，让学生直观地感受到了版画印刷的方法与步骤。通过自己动手制作 KT 版藏书票，学生体验制版和印刷的乐趣，学会了制作 KT 版藏书票的方法。

课堂中展示的藏书票作品富有层次，既有世界上第一枚藏书票的复制品，又有教师自己的藏书票作品，加上教师示范藏书票的具体制作步骤，拉近了藏书票和学生的距离。最后学生的作品展示又增加了互相学习的机会，使整节课很有层次。

教学设计 6　传递我们的心声——壁报设计

教材分析

本课重点是让学生了解壁报的版面设计，学习壁报版面设计的基础知识，了解版面设计的一般方法。所以，教师在课程的编排设计上花费了大量的心思，用知识竞赛的形式让学生了解版面设计的基本要素，既激发了学生的参与意识，又加深了学生对新知识的印象。通过对"假如我来做主编"的讨论，让学生了解版面设计的一般步骤，并充分发挥学生的想象力和创造能力，培养他们密切合作又相互团结的精神。

用电脑排版做练习，是为了让学生能够更形象、更直观地了解版面设计过程，巩固所学知识，引发他们参与设计实践的兴趣和愿望，而且，他们平时所学的知识也得到了应用，热情空前高涨。

学情分析

六年级学生在美术作品的理解、评析等方面已经形成基础的认知，具备一定的创新意识，并且已经做过很多壁报、手抄报，对此并不陌生，通过学习能了解并掌握基础的美术字的写法以及壁报的排版方法，认识设计的审美功能和应用价值，但对设计表现形式认识得还不够全面，对设计作品与生活的密切联系还需要进一步了解。所以，本课以各种活动引导学生了解并掌握壁报的设计原则，学会基础的设计手法，提高其设计审美意识的同时，激发他们参与校园文化建设的热情。

教学设计思路

这一课的重点是让学生了解壁报的版面设计，学习壁报版面设计的基本知识，了解版面设计的一般方法。在进行教学模式设计的时候，教师采用情境导入的方法，用观看壁报的图片导入，学生们自然而然地跟随教师走进壁报设计的情境中去。

学生作业采用小组作品展的形式呈现，让学生在自评和互评中巩固所学知识，提高审美品位。

课件设计流程

1. 流程图

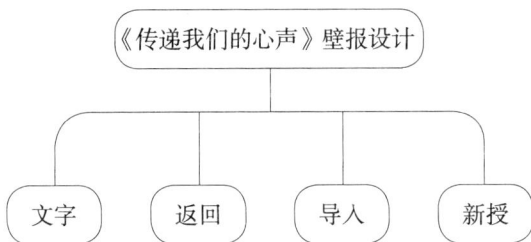

2. 设计思路

本课件在设计时充分考虑了教师教学和学生自主学习的需要。课件内容能独立使用，通用性较好，适合不同教师的教学需求。内容的设计注重形象化，充分利用计算机帮助教师和学生掌握教学的重点和难点。操作上也注重简单易操作性。

课件运行环境、条件：Windows9x/NT/arian。

3. 课件的设计特点及使用说明

设计特点：本课件使用 authware 制作而成，采用非线性的设计方法。课件各部分的使用顺序较为灵活，可根据课堂教学的情况随时调整。对于教学重点和难点可反复观看和使用，帮助教师突出重点并突破难点。另外，本课件还可作为学生自主学习的辅导课件，学生自学时可以有选择地使用课件的各个部分，从而帮助他们自学本节课知识。本课件最大的优点是安排了学生参与的部分，在课件的练习部分中，学生可以根据自己的喜好和审美观安排版面。

使用说明：课件使用简单，教学内容的各个部分都陈列在菜单中。使用时单击就可以调出所需要的内容。

三维教学目标

知识与技能：了解美术字的基本变化规律和方法，学习版面设计的基础知识，掌握版面设计的基本原则、设计元素和规律。

过程与方法：通过观察分析、创作体验，增强设计意识，提高表现能力，体会版面设计的意义。

情感、态度、价值观：通过壁报设计与创作，树立积极健康的生活态度和审美情趣。

教学重点：能够围绕主题，综合运用版面设计知识进行简单的版式设计。

教学难点：丰富学生的审美经验，使他们能根据版式设计的知识，提高整理、归纳信息资源的能力。

教具准备：实物投影、有关版面设计的图片资料、纸张、颜料、画笔、多媒体课件。

学具准备：铅笔、橡皮、彩色笔、画纸、直尺、圆规等。

教学实施过程

（一）艺美引导

设计思路：以两张照片为依托，显示壁报在我们生活中的重要作用。

设计意图：创设情境，带领学生进入本课的学习。

活动设计：课件打出两张学生们在学校观看壁报展示的图片，引导学生进行观察。

问题设计：壁报在我们生活中重要吗？有什么作用？

师：上课之前，我们来欣赏两幅图片，在这两幅图片中，老师和同学们都在看什么？从他们的表情可以看出，大家对这种表现形式都很喜欢，哪位同学能给大家说一下，壁报在我们的生活中有什么作用？（学生回答）

师：壁报的作用很多，最重要的是能传递我们的心声，今天，我们就来学习一下壁报设计。（板书课题：传递我们的心声——壁报设计）

（二）阅美感悟

设计思路：了解壁报设计的主要内容和板块。

设计意图：学生通过学习壁报的主要板块内容，了解版面设计的构成元素、设计原则、设计方法、设计步骤等较为系统的知识方法。这些知识大多在小学阶段以分散的形式呈现过，学生并不陌生。充分调动学生的积极性和主动性，以交流评述为主要的学习方式，引导学生进行相关知识的回顾、交流、分析、梳理、总结，并通过实践活动体验版面设计的综合运用。

活动设计：观看PPT图片，采用竞赛形式让学生了解版面设计的构成元素。

问题设计：版面设计包括哪些内容？

师：提到壁报大家并不陌生，校园里、班级中，到处可见同学们的设计作品，谈理想，谈时事，抒发情感，发表见解，题材多种多样。那么，壁报的版面设计都包括哪些内容呢？（屏幕：壁报的板式）

（学生回答后出示 PPT。报头：壁报版面上概括全版内容的主题性标题和图案。栏图：除报头外，把每个栏目的标题加以装饰。题图：每篇文章标题的装饰。尾花：文章末尾空白处的装饰图案。）

师：同学们回答得非常好，很全面，对于壁报设计中的这些内容咱们是不是了解呢？下面我们就以知识竞赛的形式来检验一下同学们课前查找的资料是不是有助于我们了解壁报设计。（分组）竞赛分必答题和抢答题，答对一题 100 分，答错没分，请一位同学上来做记分员，得分最多的小组可以成为我们今天的冠军组。首先是必答题，每小组一题。

（1）报头包括哪些内容？（生答后屏显：文字、图形）师：这是能概括全版内容的主题性标题和图案。

（2）刊名（报头）文字可用什么字体？（生回答后屏显：黑、宋、仿宋、变题）

（3）宋体和黑体字在笔画方面有什么特点？（生回答后屏显：黑体，字形正方、横竖较粗、方头方尾，也叫方体字。宋体，字形方正、横细竖粗，横和折的右上方都有一个三角形的顿起，宋体字的点像一个小水滴）

（4）你认为栏图和尾花指的是什么？（生回答后屏显：图形）

师：刚才的必答题各小组同学回答得很好，没有拉开距离，下面，我们来看一下抢答题。

（1）壁报中的文章有没有主次之分？如果有，主文章应放在版面什么地方？（生答后屏显：主文章的位置）

（2）文字、稿件的排列方法大致有几种？（生答后屏显：横、竖、斜、横竖兼有、不规则等）

（三）寻美探究

1. 总结回顾

设计思路：回顾前面的知识，总结梳理。

设计意图：通过对版面设计的创意构思，可以对前面所学知识进行总结和梳理，也能起到抛砖引玉的作用。

活动设计：想象自己进行版面设计。

问题设计：假如我是壁报主编，怎样进行版面设计？

师：好，问题解答完了，老师还是比较满意的，下面我们来看看这几个小组的得分情况。（记分员宣布分数）领先的小组不要骄傲，落后的小组也不要气馁，后面还有机会。从刚才知识竞赛的答题情况可以看出，我们了解了壁报设计内容的有关知识，在实践中我们会怎样应用呢？咱们来做一个假设，假如你是壁报主编，你会怎样进行版面设计呢？各小组同学一起讨论一下，待会儿把你的设计步骤告诉老师好吗？（合作探究）

2. 排版练习

设计思路：运用小游戏进行实践练习活动。

设计意图：电脑排版可以让学生更形象、更直观地了解版面设计的过程，巩固所学知识，引发他们设计实践的兴趣和愿望。

活动设计：学生在未排好版的页面上拖动鼠标，把版面设计元素拖动到其认为合适的位置。

师：大家说得非常好，看来做合格的主编没问题。不过，说到不如做到，下面我们用电脑来做一下版面设计练习，从每一个小组中推选一位同学进行排版，排版合理则加分，不合理则没分。（生上台排版，教师鼓励）

师：（总结）从排版情况来看，同学们掌握了版式设计的基本方法，而且有自己独特的审美眼光。不错，好的版式设计给人以美感，正如一位哲学家所说，美是一种自然优势，版式设计应用其排列的自然美感引起读者的注意，打动读者，下面，我们来欣赏一组优秀的版式设计，也许会对你即将进行的作业有所启示。

（四）赏美启智

设计思路：欣赏优秀的版面设计作品，启发创作思维。

设计意图：通过对不同题材、不同色彩的版式设计作品的欣赏，开阔眼界，感受壁报作品的艺术魅力。

活动设计：欣赏 PPT 中部分版面设计作品。

（五）创美达意

设计思路：学生进行不同形式、不同材料、不同手法的艺术创作，巩固所学知识，提高动手能力，提升审美眼光。

设计意图：根据本课所学的知识，进行版面设计创作。

活动设计：选择一种自己喜欢的表现形式来进行壁报的版面设计。

师：好，刚才我们了解了版式设计的知识，进行了编排练习，还欣赏了不同的设计作品，我看很多同学都已经跃跃欲试了。下面就请大家根据自己所找的资料设计一幅壁报的版式。（作业要求：刊名自定，如美丽的校园、班级新气象、学习园地、形式活泼、创意新颖）我们将选出两幅作品作为我们班级下期壁报的参照，并且为两位作者所在的小组加分。

作业之前，我们先选出编辑部的成员作为我们的评委。班长、语文课代表当主编，美工当然是我们的美术课代表了。（学生选出后，到台上坐定）编辑部的职责就是审阅送上来的设计稿件，哪个组的同学先设计完就送到台上。好，开始吧！编辑们利用这段时间拟定一个评选方案（让学生落实到纸上，说明评判标准）

（六）尚美提升

设计思路：总结本节课知识点，感受生活中运用现代设计的多样化过程中所传达出的情感。

设计意图：联系生活，学以致用，提升审美品位，学会热爱生活。

活动设计：欣赏电子报刊、网页等。

评委评选出好的作品，说明优缺点。（也可以让作者补充说明）选中的作品，评委为其小组加分。

师：在现代社会，各种传播媒体几乎无孔不入，数字新科技的运用使得新闻报道的速度快得惊人，相比之下，壁报的传播宣传手段较为传统，但它却有其他新闻媒体不可比拟的特点，亲切、持久、灵活、群众性强。请看我们的壁报，谁能说它没有魅力呢？希望同学们课下多观察，充分发挥自己的聪明才智，设计、制作出更多、更好的壁报作品。

板书设计

传递我们的心声——壁报设计

1. 美术字。

2. 版面构成元素：报头、栏图、题图、尾花。

教学评价

通过主题鲜明、形象生动的画面给学生们以深刻的印象，特别是电脑排版练习，这是本课最突出的特点，这样做的目的是为了让学生更形象、更直观地了解版面设计的过程，巩固所学知识，引发他们进行设计实践的兴趣和愿望。这样不但产生了较好的课堂教学效果，而且把广大学生带进了一个理想的艺术教学境界，课堂教学活跃，学生学习兴趣高涨，充分体现了"愉快教学"的现代教学特色。

同时本课选择了大量优秀的壁报范作供学生欣赏和学习，体现出多媒体教学的优越性。新课标的改革与实践还在摸索阶段，教学过程当中，也存在着很多不足之处，如时间的掌控还需要加强。

教学设计 7　盛情邀约——请柬设计

教材分析

本单元知识内容广泛，能更好地拓展学生的知识面，提高学生的学习兴趣。本节课中将重点学习请柬的制作，根据校园艺术节的主题活动学习用各种形式设计并制作请柬。同时，注重以实例展开，层层引导，目的在于激发学生的兴趣和创新能力，实现知识的迁移，使学生了解活动中的礼仪，增强学生与亲朋好友间的情感交流。另外，也为今后学习贺卡、海报制作奠定基础。

学情分析

本节课的授课对象是六年级学生，他们具备了一定的美术知识、美术技能，并积累了一定的生活经验。针对该阶段学生的心理特点，应从学生兴趣出发，与生活相结合，激发学生的创新精神，提高其动手动脑能力，使其学会积极探索及应用。

教学设计思路

本课内容是对前一课的海报设计和小学阶段贺卡设计教学内容的延伸；它贴近学生的生活实际，是对学生美术学习中的应用及造型能力的一次综合考察。请柬设计是校园艺术节活动的组成部分，教学中教师启发、引导学生以搜集、欣赏、观察、体验制作、展示交流等方法进行合作学习，让学生利用身边多种材料结合绘画的技巧，创作出符合应用要求的请柬，从而发展学生的想象力、创造力和形象思维能力，培养学生的审美能力，激发学生学习的兴趣。

课件设计流程

本课从邀请同学参加"奔跑吧，少年"活动出发，课件设计注重视觉效果与学习效果的有机结合，以精美的图片结合文字介绍，穿插音乐背景，引导学生了解请柬的定义，掌握请柬设计的内容。大量图片形成的视觉冲击力增强了学生对本课学习的兴趣，对培养学生的创新意识和创造能力起到良好的辅助与促进作用。

三维教学目标

知识与技能：了解请柬的文化、特点、分类及其构成要素，并能将掌握的请柬设计知识运用到生活实践中。

寻艺尚美

过程与方法：根据校园艺术节的主题活动，学习用各种形式设计制作请柬，体会请柬的设计过程和制作特点，尝试设计制作一张别出心裁的请柬。

情感、态度、价值观：使学生了解活动中的礼仪，培养他们的礼仪意识，增强学生与亲朋好友间的情感交流。

教学重点：了解请柬的制作版式、书写格式，用剪贴绘制的手法设计和制作请柬。

教学难点：请柬的创意和材料的选择。

教具准备：请柬示范制作备用的资料及内容，彩色纸，彩色笔，双面胶，剪刀等。

学具准备：彩色纸，彩色笔，双面胶，剪刀等。

教学实施过程

（一）艺美引导

设计思路：向学生发出邀约，激发学生的学习兴趣，对请柬有一个最初印象，引入课题。

设计意图：以简洁直观的方式，带领学生进入本课的学习。

活动设计：教师播放视频并发出口头邀请。

问题设计：老师是用什么形式向大家发出的邀请？

师：我是实验初中的美术教师，还是一名班主任，班级周五有一个活动，今天我把活动的请柬也给大家带来了。以柬为媒、以情会友，邀请大家共付明日之约。今天，我们就来学习请柬的设计。（引出课题：盛情邀约——请柬设计）

（二）阅美感悟

设计思路：通过欣赏不同类型的请柬，引导学生从书本中找到请柬的定义。

设计意图：这一活动的目的是联系学生生活，使学生主动了解请柬的作用和请柬的人文性质，并在一开始就通过展示台营造出一种氛围。

活动设计：学生结合自己手中的请柬来谈对请柬的认识、请柬在生活交往中的作用等。在学生的交流之后，教师展示自己搜集的请柬并做评述。

问题设计：你们知道什么是请柬吗？

师：请柬，又称请帖、柬帖，是为了邀请客人参加某项活动而发出的礼仪性书信，它显示了主人对受邀者的尊重和郑重态度，是大到国与国之间、小到人与人之间感情联系的纽带。我国几千年来的传统文化积淀，使请柬文化被赋予了一定的人文内涵，它充满着人情味，与我们的生活密切相连。老师这里有几个特别的请柬，数量有限，谁能够得到呢？看大家下面的表现！

（三）寻美探究

设计思路：探究式学习，以实际生活中的请柬引导学生观察、比较、分析，从而获得请柬分类、请柬的设计元素等知识。

设计意图：运用实物欣赏、实际操作等形式，引导学生学会分清请柬的不同类型，培养学生的观察能力和设计能力，以贴近生活的实例引导学生带着愉悦的心情来完成学习活动。

1. 请柬的分类

活动设计：学生根据图片及实物请柬探究请柬的不同种类，培养学生归纳的能力。

问题设计：老师为我们每个小组都准备了几张我们学校学生做的请柬，大家不妨打开看看。你喜欢它们吗？这是些什么主题的请柬？

师：看来请柬的种类真是不少，内容也很丰富，像结婚请柬、运动会请柬、生日请柬、展览请柬，我们可以称之为活动请柬；一些商业性质的请柬，可以称作商务请柬。

2. 设计元素

活动设计：学生上台拼贴请柬设计元素，包括图案、文字等，再以小组合作的形式讨论、分析、交流设计元素的应用及请柬形式。

问题设计：（1）老师知道同学们的创造力都很强，如果自己去设计，一定比老师带领你们做得更好，想试试吗？（两分钟内以组为单位尝试设计一张请柬）

（2）你在设计时考虑到了什么呢？

师：大家想到的，恰巧是我们在设计请柬时应该考虑的设计元素。（构思巧妙，色彩搭配和谐，图文相互呼应。板书：色彩、图案、文字）

（边演示边说）现在，请柬在设计形式上也越来越具有特色，刚才同学们合作设计了单贴请柬，我们在单贴外面加个封皮，就变成了双贴。封皮放到两边，从中间打开，就变成了组合帖。当然，具有无限创意的你，肯定还会有更好的想法。（手拿更多组合形式的请柬）

师：（总结）组合形式有单贴、双贴、组合贴等。

（四）赏美启智

设计思路：欣赏实物请柬及图片，引导学生观察，以组为单位进行讨论、分析、总结请柬的文字安排。

设计意图：培养学生分析问题、解决问题的能力，以及表达和沟通的能力。

活动设计：学生观察、欣赏实物请柬及图片，总结制作请柬时文字的安排，以游戏"敬语接龙"巩固学生所学知识。

问题设计：这些文字包含了哪些信息？

师：在请柬设计中，除了被当作图案使用的文字以外，还有一类说明性质的文字不可或缺。缺少了它们，接到请柬的人就会茫然不知所措。让我们一起翻开请柬的内页，请大家读一读并小组讨论一下：这些文字包含了哪些信息？（被邀请人、举行活动的时间、地点、内容、活动的举办方等）

师：（总结）请柬的文字安排（配图）包括邀请人、被邀请人姓名，时间、地点，活动内容等。

我国自古以来都是以礼至上、诚信交往。在来往书信中使用敬语，能体现出邀请者的诚意和尊重。敬语除了我们书信上经常用到的，还有相见问好、道谢、致歉时使用的礼貌用语。现在我们玩个小游戏，"敬语接龙"。以小组为单位接龙，哪个小组停顿了，就得回答问题：请柬的分类（按内容、按形式），请柬设计的要素。（回答正确，奖励请柬一张。）

（五）创美达意

设计思路：学生欣赏图片及教师示范过程，体会请柬设计的方法及步骤，鼓励学生拓展思维，利用多种不同形式创作请柬，亲身体验设计的乐趣。鼓励、引导学生分享请柬，从而自评、互评，拓展学生思维。

设计意图：创意是一种无形的东西，对于学生来说还很模糊，此环节展示老师的创意作品，可增加学生创作的信心。以学生的直观感受为主，加强学生对请柬设计的理解，巩固所学知识，进一步体验请柬设计与生活的关系。

活动设计：教师示范请柬的制作并留作业，要求如下。

（1）为学校举办的运动会、美术作品展、摄影展、文艺晚会等艺术节活动设计一张请柬，小组合作完成。

（2）可用绘制法、剪刻粘贴法。

（3）内容形式统一、信息准确完整、构思巧妙新颖、色彩搭配和谐。

（4）内容简洁，大小合适，便于携带。

师：除了送给大家的礼物，老师想现场制作一张请柬。（瓢虫请柬）

（播放视频）除了老师展示的手工剪贴、折叠制作，我们还可以用手绘、电脑设计、摄影、镂印的形式制作。

一封邀请函，无声胜有声。这个集美术、书法、印刷于一体的艺术品，承载了一段历史，记载了一段历史，从中我们感受着社会的发展、经济的进步，也希望同学们在这个创新的时代，将我们富有底蕴的文化继续传承下去。

"好的创意是成功的一半"，只要我们开动脑筋，巧妙构思，相信每个人都能设计制作出一张与众不同的请柬。

（六）尚美提升

设计思路：请柬不仅是人与人之间的交流形式，更是一种文明的体现，用视频欣赏升华本节课内容。

设计意图：引导学生关注生活，关注身边的设计，用美的设计让生活更美。

活动设计：播放视频《文明之约》，了解请柬设计与生活、与世界的联系，开阔学生视野。

师：请柬拉近了人与人之间甚至是国与国之间的距离。博彩世界，文明古国，让我们与世界来一场文明邀约，同绘盛景、共话桑麻。（学生看视频，教师总结后结束本课）

板书设计

盛情邀请——请柬设计

1. 概念：请柬，又称请帖、柬帖，是为了邀请客人参加某项活动而发出的礼仪性书信，它显示了主人对受邀者的尊重和郑重态度，是大到国与国之间、小到人与人之间感情联系的纽带。

2. 设计要素：色彩、图案、文字。

3. 组合形式：单贴、双贴、组合贴等。

教学评价

整堂课学生学习积极性较强，课堂气氛欢快热烈，作品展示丰富多彩，形式多样，富有个性和创意。评价环节中，既让学生分析了自己的创作构思，又提高了学生的审美情趣和鉴赏表达能力。学习过程中体现出美术课程的人文性、综合性、愉悦性，学生成功制作出了自己喜欢的邀请函，提高了合作能力和动手制作能力。本堂课的不足之处是，部分小组分工不明确，有的去忙着制作封面而耽误了写内页，作品质量欠佳。今后应加强合理分工，提高作品完成速度，提升课堂效率。

教学设计 8　剪纸

教材分析

剪纸在我国具有悠久的历史，是以纸张为材料，通过剪、刻、染等方法，塑造出各种艺术形象的平面造型艺术，用于生活环境的装饰和喜庆活动的点缀。剪纸作品讲究构图图案化，形象概括简练，虚实对比，线条规整流畅，色彩对比强烈、明快。我国各地区、各民族都有自己风格独特的剪纸。北方以粗犷豪放、造型简练著称，南方以构图繁茂、精巧秀美闻名。

学情分析

八年级学生具备一定的剪纸基础知识和创新能力，而且动手能力有一定的进步，可以熟练地运用剪刀，通过学习能掌握基础的剪纸技法。但是学生对于剪纸作品与生活的密切联系还需要进一步了解，通过这节课的学习可以让学生在广泛的文化情境中更全面地了解我国的民间剪纸艺术。

教学设计思路

本课可以采用"观察思考—探索发现—实践应用"的教学思路进行授课。引导学生欣赏民间传统剪纸艺术作品，探究剪纸艺术的种类、艺术特点、样式和表现形式，感受民间传统剪纸艺术的独特美感，学习设计制作剪纸。

课件设计流程

本课注重剪纸基础知识的学习，在新授六个环节中图片与视频交互播放，分成以下几个部分进行授课：阅美感悟——思剪纸题材、忆剪纸历史；赏美启智——赏剪纸过程、悟剪纸文化；寻美探究——品剪纸特点、析剪纸技法。音乐、视频与图片、文字完美结合，带领学生更加系统地了解剪纸的艺术特点及民间剪纸艺人的创作过程。

三维教学目标

知识与技能：学习剪纸的基本知识和制作方法，感受民间传统剪纸艺术的独特美感。了解剪纸艺术在民间的广泛应用，了解剪纸的种类和特点，以及样式和表现形式。

过程与方法：尝试运用剪纸技法，学习对称、折叠团花和独幅剪纸等形式，并用自己创作的剪纸装饰环境。

情感、态度、价值观：提高对民间传统剪纸艺术的审美能力，形成耐心细致、整洁有序的学习态度和习惯；激发学生热爱生活、喜爱剪纸艺术的情感。

教学重点：学习剪纸的基本知识和制作方法。

教学难点：设计和制作形象概括简练、装饰性强，有传统文化意蕴的剪纸。

教学建议

制作剪纸时要先剪刻里面花纹，后剪刻轮廓。要求安全使用剪刀和刻刀。鼓励学生从传统文化的审美要求出发进行构思设计。

要让学生对剪纸的造型特点有明确的认识：剪纸的外轮廓像个剪影，内部由镂空的纹样组成；一张剪纸的整体应该是连接不断的。因此，内部的纹饰与外形的起伏共同构成了剪纸独特的整体形象。剪纸艺术语言中很重要的一点，就是所有形象都是在玲珑剔透的形式中塑造的。剪纸具有透光的实用需要，尤其是窗花，更要如此，否则就把室外的光线挡住了，既不透光，也不美观。优秀的剪纸艺术作品应该构图匀称、美观大方、线条粗细相宜，具有色彩鲜明、柔和协调等特点。剪纸中一些特有的纹饰技法，如月牙纹、锯齿纹，是促成其装饰作用的重要因素。剪纸艺术作品应强调造型夸张和外形轮廓的优美，形成特有的赏心悦目的效果。

独幅剪纸形式相对于对称式、团花而言，特点是独幅存在，这就要求根据主题进行构思，对形象进行细致的刻画。这一形式的难度在于表现什么和怎么表现。

教材上从动物讲起，学生可以选择各种动物如十二生肖进行剪纸创作。动物创作贵在有情趣，采取意象的、夸张的、象征的、装饰的乃至抽象的手法进行表现，再过渡到人物创作。进行人物创作时，建议配合一定的主题如校园活动，可以表现学生的学习、运动、活动，也可以表现自然景色、校园环境等。

在设计时，可以介绍一些传统剪纸的纹饰。例如，用刚健的锯齿纹表现动物的鬃毛；用半弧形或粗或细的锯齿纹表现鸟、鱼、虫的羽毛和鳞甲；花朵纹可用在人物服饰和动物身上，也可用于花草及器物图案的点缀；用灵活疏密的锯齿纹表现人物的眉毛、胡须、飘逸的头发和服饰上的皱褶等；月牙纹是一种弯曲的，宽窄、刚柔、长短不一的呈现月牙形的纹样，短而随意的线条表现衣纹和运动感，而几条排列的月牙纹，就更有装饰感；此外，还有云纹、水纹等。同时也要鼓励学生大胆构思，敢于进行创造，不要太拘泥于已有的纹饰。在构图安排上，可以非常灵活地进行安排、组织。

教具准备：不同风格、种类的剪纸作品，示范用的画稿、步骤图，以及剪纸用的工具材料剪刀、刻刀等。

学具准备：课前搜集各类剪纸作品，硬纸板（做垫板）、剪刀、刻刀、稿纸及其他文具。

教学实施过程

（一）艺美引导

设计思路：教师亲自示范，以直观的形式将学生引入课堂学习。

设计意图：展示教师基本功的同时也能很好地吸引学生的注意力，激发学生的学习兴趣。

活动设计：教师现场快速剪一只蝴蝶贴在黑板上。

问题设计：大家看，这一张纸我们可以做什么？（可以写、可以画、可以折，也可以剪）请同学们看一看老师是怎样处理的呢？

师：一张纸，一把剪刀，经过我们灵巧的双手，就可以呈现出不同的艺术风采，这就是剪纸。这节课，就让我们跟随老师感受一下剪纸的艺术魅力。（引出课题：剪纸）

（二）阅美感悟

1. 思——剪纸题材

设计思路：联系生活，让学生思考并了解生活中剪纸作品的题材。

设计意图：欣赏生活中的剪纸作品，了解剪纸的题材有哪些，认识剪纸与生活的关系。

活动设计：教师提问，学生欣赏剪纸视频。

问题设计：（1）大家在哪些地方见过剪纸？

（2）什么时候见过剪纸作品？

（3）剪纸的题材有哪些？

（观看视频，教师引导学生认知几种剪纸题材并讲解）

师：人物题材——人物题材在剪纸中占有相当的比重，多表现现实生活人物及戏曲传说中的人物。

花鸟虫鱼题材——这类题材的剪纸大多寓意某种品格或吉祥。

吉祥图案——吉祥图案是采用谐音、象征、隐喻的手法，把文字、器皿、动植物等形象巧妙地组织在一起的图案，托物寄情，以反映人们的美好愿望。

动物题材——每个民族都有自己特别喜爱的动物。动物题材的剪纸，有的表现动物的生态和习性；有的则通过联想，赋予象征意义。家禽、家畜题材的剪纸，反映农民对美好生活的追求。

风景题材——运用剪纸形式，表现祖国的名胜古迹、自然风光及各种民居建筑。

（教师板书几种题材）

2. 忆——剪纸历史

设计思路：让学生课前搜集并整理有关剪纸的文字资料，先预习剪纸的历史知识，提炼经典的论述，课上与大家进行分享。

设计意图：课前让学生搜集资料，锻炼学生的自主学习能力；让学生自己动手提炼文字，锻炼语言表达能力，通过这些活动让学生更加全面地了解剪纸的历史知识。

活动设计：学生课堂上与大家分享自己搜集的有关剪纸的文字资料。

（学生分享资料，语言阐述，教师汇总）

师：早在秦汉之前，人民就用金箔树叶开始了剪纸的创作。东汉蔡伦改进了造纸术后，剪纸业迅速发展，它浓缩了传统文化理念，与彩陶、瓦当、画像石艺术等交织在一起，延续着古老民族的人文精神与思想脉搏。唐宋时期，剪纸发展迅速，女子都要修习女工，剪纸也就成为当时女子的必修课程。

（三）赏美启智

1. 赏——剪纸过程

（视频播放剪纸艺人的创作过程）

2. 悟——剪纸文化

设计思路：观看视频，了解剪纸来源于民间艺人和民间生活。

设计意图：通过视频的学习，让学生了解民间剪纸的特点以及民间剪纸艺人淳朴的生活，感悟剪纸丰富的文化内涵。

活动设计：欣赏民间艺人的剪纸视频，小组讨论并分析剪纸的美好寓意。

问题设计：仔细观察这些作品，它们都有着哪些美好的寓意呢？

（学生观看视频，讨论回答后教师汇总）

师：通过感悟，大家发现剪纸作品大多都是积极向上、内容活泼，有着吉祥如意、幸福美满的寓意。例如，"花"的题材中，牡丹象征富贵，梅、兰、竹象征气节，荷花象征高洁，桃子象征长寿，石榴象征多子多福；"鸟"的题材中，喜鹊象征喜庆，鸳鸯象征爱情，仙鹤象征长寿；"鱼"方面的题材，其谐音"余"和"富"联系在一起，莲花与鲤鱼的剪纸，借其谐音，表示"连年有余"。

（四）寻美探究

1. 品——剪纸特点

设计思路：小组同学一起分析手中的剪纸作品，分析南北剪纸的不同风格。

设计意图：通过研讨，感受剪纸丰富的文化内涵的同时，能够区分开北方剪纸和南方剪纸的特点。

活动设计：欣赏并观察手中的剪纸作品，小组讨论并分析剪纸的艺术特点。

问题设计：（1）北方剪纸和南方剪纸各有什么特点？

（2）剪纸的艺术特点是什么？

师：请大家观察手中的剪纸作品，讨论一下，它们在风格上有什么不同？北方剪纸和南方剪纸各有什么特点？（学生讨论后回答，教师汇总）

北方剪纸简洁但并不简单，就像我们北方人的性格一样粗犷豪放。南方的剪纸像南方的山水一样，精巧秀美。从这些作品中我们不难看出剪纸艺术具有造型夸张变形、概括简练、富于装饰性的特点。

（板书：剪纸造型特点——造型夸张变形、概括简练、富于装饰性）

2.析——剪纸技法

设计思路：课前剪的贴在黑板上的蝴蝶，思考怎样才能让它变得更加生动、漂亮呢？探究得出剪纸技法与符号，引导学生在剪纸作品上进一步装饰。

设计意图：赏析优秀作品，小组探究怎样让剪纸作品更加生动有趣。启发学生的创意思维，锻炼学生的思维与探究能力。

活动设计：播放一组优秀剪纸作品，学生讨论并概括出剪纸的一些基本符号。

问题设计：大家看老师上课前剪的这只蝴蝶，有同学知道该怎样把它变得更加生动、漂亮吗？

（观看一组剪纸作品，小组讨论探究，学生回答剪纸的技法）

师：需要我们用剪刀继续装饰一下，通常会用到小圆孔、月牙形、柳叶形、水滴形、锯齿纹等来装饰和完善。小圆孔是经常用到的，可以做动物的眼睛和花心。柳叶形和水滴形可装饰花纹，使得作品更加的美观。

（五）创美达意

设计思路：教师演示剪纸过程，鼓励学生拓展思维，利用铅笔设计创意图案，亲身体验剪纸创作的乐趣。

设计意图：学会用剪纸装饰、美化我们的生活，增强学生动手能力的同时，开发学生的创造力与想象力，使其亲身感受我国传统剪纸的美感及其与生活的紧密联系。

活动设计：教师继续丰富完善上课伊始剪的蝴蝶作品，让学生体验剪纸的乐趣，根据今天所学剪纸知识，剪一幅别具一格的作品。

师：（教师演示剪蝴蝶）蝴蝶剪完了，细心的同学会发现在剪刻时要玲珑剔透，有刀味与纸质感。剪纸艺术作品的线条则是剪纸造型的基础；剪纸作品制作完成后拿起来要不散不断，连成一个整体，色彩要单纯、明快，强调装饰趣味和变形夸张。

看到很多同学已经跃跃欲试了，好，老师就把时间留给大家，希望你们用自己的剪刀，剪出独具匠心的作品。（学生开始剪作品，教师巡回指导）

（六）尚美提升

设计思路：剪纸是民间美术的一种形式，希望学生通过剪纸能够感悟民间美术的艺术之美，从而培养他们热爱生活的情感，提高艺术素养。

设计意图：让学生了解到中国传统艺术的多样性，激发学生的学习兴趣，丰富和开阔学生的艺术视野。

活动设计：播放有关皮影戏的一段视频《文明中国礼》。

师：请大家把完成的剪纸作品贴在我们前面的展示板上，一起分析和欣赏。（师生对作品进行点评，鼓励并找出不足再改进）

师：传统剪纸在婚庆和过年的时候经常见到，其实刺绣和皮影也是根据剪纸艺术发展而成的。大家一起来欣赏一下视频《文明中国礼》。（学生欣赏视频）

我们济宁素有"孔孟之乡，礼仪之邦"之称，我们在继承传统剪纸艺术的同时，更应该注重尊老爱幼、文明礼仪，把我们的良好民风传承下去，把剪纸文化传播开来。

板书设计

剪纸

1. 剪纸的题材：人物题材、花鸟虫鱼题材、吉祥图案、动物题材、风景题材。

2. 剪纸的历史：历史悠久。

3. 剪纸的文化：吉祥如意的寓意。

4. 剪纸的特点：北方剪纸——粗犷豪放。

5. 南方剪纸——精巧秀美。

教学评价

课堂教学中把剪纸文化和剪纸特点作为本节课的重点，让学生通过欣赏和观察、对比和讨论参与其中，感受剪纸艺术的魅力。

我在上课时总感教学时间不够用，学生作业训练时间不能少于 25 分钟，否则教学效果会不太理想。通过学科组的研讨，我慢慢改进教学方法，删减了一些不必要的环节，课堂中尽量缩短讲课时间，用直观演示法示范剪纸的技法，运用剪纸符号来修饰蝴蝶，对比课前剪好的蝴蝶作品，让学生更加直观地感受阴刻和阳刻的区别，达到事半功倍的教学效果。

此外，课堂中也运用演示范画甚至故事、音乐等方式引导学生直观感受剪纸作品，提高学生的学习兴趣。多鼓励、合理地评价学生，因为学生总是希望得到教师的肯定，作为教师首先要对学生积极参与的态度表示赞赏并做出合理的评价。

教学设计9 漂亮的手工灯饰

教材分析

本课的学习内容主要是利用立体构成结合平面构成的基本方法进行纸质灯饰的设计与制作，并把课堂设计教学与生活实际运用有机地结合起来。通过让学生搜集资料、进行灯罩基本造型的练习以及对灯罩进行美化装饰，培养学生搜集资料、处理图形信息的能力，使其理解和掌握立体构成的基本方法和构成方式：点线面体的组合、几何形的重复组合、面的交叉组合等。让学生发挥想象，自主设计手工灯饰，为生活增添情趣，让学生在实践中感悟美、体验美、创造美。

学情分析

七年级学生具备了一定的美术知识、美术技能，并积累了一定的生活经验，个性差异明显，形象思维向抽象思维转变，但是形象思维占主体地位。针对该阶段学生的特点，应从学生兴趣出发，与生活相结合，激发学生的创新精神，提高学生的动手动脑能力，使其学会积极探索及应用。本课采用直观性教学，贴近学生的实际情况，结合美术教学的视觉感知特征和实践创新特征，充分发挥学生的主观能动性和自主探究精神，让学生在自由的空间里燃烧思维的火花。

教学设计思路

本课教学活动是以实践为主，所以在教学上应注重学生动手能力的培养。通过欣赏有创意的灯饰作品，引导学生进行实际操作，发现身边的环保材料并巧妙地运用于创作中，培养他们的创新意识与审美意识，同时教学中充分体现新课程倡导的以学生为主体的探究式学习。

以启发与实践教学方式为主，主要通过发现、利用、创造等教学活动，培养学生的创新能力。引导学生发现生活中的废旧材料，充分挖掘其材质美感，并根据构成原理进行造型设计和局部装饰，创造出实用美观的手工灯饰。力求在整个课堂教学中体现出美术课程的探索性、实践性、审美性。

根据学生的能力水平，可考虑一方面让学生临摹，一方面原创，即让学生根据自己可找到的材料，利用立体构成的空间组织方法创造漂亮的手工灯饰。教学中多鼓励学生探索和实践，提高学生的探究能力，增强他们的自信心、成就感。

课件设计流程

课件采用菜单交互式，结合实物呈现一张张精美的灯具图片，激发学生对灯饰的兴趣，了解灯饰丰富的种类；由于实物的受限，充分利用课件呈现灯饰不同颜色营造的不同效果和氛围；通过视频带着学生感受高科技带来的时代变化，让学生大饱眼福，兴趣高涨；一段灯光点亮城市的视频，带学生了解灯饰的重大意义，激发他们热爱生活的情感。

三维教学目标

知识与技能：了解手工灯饰的制作方法，借助立体构成的造型方法，设计制作一件有创意、富于美感的手工灯饰。学生能选择合适的纸质材料制作简单的圆筒形、三角形、正方形等，学生能充分利用身边的废旧物品，变废为宝，创作富有创意的手工灯饰。

过程与方法：欣赏漂亮的手工灯饰，使学生关注生活中的各种设计，感受实用与审美的完美统一。学生愿意尝试借鉴某种形式，运用适当的装饰手法美化灯饰。引导学生用简单的材料去创作灯饰，培养学生的社会参与意识和设计意识。

情感、态度、价值观：培养学生热爱生活、热爱自然的人生态度，感受手工制作的乐趣，提高艺术素养和生活品位。

教学重点：引导学生了解灯饰的功能，它不仅仅是日用品，同时还被赋予了特定的文化内涵，传达人们对美好生活的向往。教学中引导学生利用环保材料，进行立体组合设计，制作具有现代感的、造型美观新颖的、色彩搭配和谐的手工灯饰。通过设计和制作，让学生理解和掌握立体构成的基本方法和构成方式，学习运用几何形体的重复组合以及点、线、面的组合来进行设计和造型，同时尝试运用技巧将二维设计转化为三维立体造型，提高学生的立体造型能力及空间想象能力。

教学难点

本节课的难点是引导学生在设计作品的同时，把灯饰做出来。"制作"的意义和价值是对学生学习兴趣和能力的考量。引导学生大胆运用环保材料，运用合作或团队的方式，掌握细致的制作工艺，引导学生考虑制作过程的美和价值，从整体造型的创意到局部装饰的完成，都需要精工细作、悉心设计。

教具准备：课件，长信宫灯，各种实物灯具、灯罩，学生作品，卡纸，综合材料，彩笔，剪制工具，胶，蛋糕盒等废旧物品。

学具准备：卡纸，综合材料，彩笔，剪制工具，胶，蛋糕盒等废旧物品。

教学实施过程

（一）艺美引导

设计思路：教师手捧一本打开的书籍状灯饰，边展示边进行语言介绍，渲染温馨轻松的氛围。

设计意图：突出美术课堂的艺术性与美育功能，学生浸润在浓浓的情境中，自觉地融入课堂，为下一步教学形成良好开端。

活动设计：手捧学生不常见的书籍灯饰，初步激发学生对课堂的兴趣，接着通过语言带动学生进入温馨的情境。

问题设计：你还见过哪些好玩的灯饰？

师：当我们结束了一天繁忙的工作和学习，华灯初上，静下心来，捧起一本书的时候，我们的心也跟着亮了，点点灯光让我们备感温馨。这节课就让我们走进灯的世界，来共同探讨灯饰美化生活的奥秘。（引出课题：漂亮的手工灯饰）

（二）阅美感悟

1.简介灯饰的历史

设计思路：在讲台上提前放置好长信宫灯的实物模型，让学生欣赏并分析古代灯饰。

设计意图：激发学生的探究欲望，让学生充分体会古代劳动人民的智慧和创意，对灯具形成初步概念。

活动设计：带领学生共同赏析长信宫灯的实物模型。

问题设计：大家认识这款灯饰吗？在哪里见过？

师：同学们判断得真准确！这是我国汉代的长信宫灯。西汉长信宫灯的设计十分巧妙。宫女形铜像体内中空，其中空的右臂与衣袖构成铜灯灯罩，可以自由开合，燃烧产生的灰尘可以通过宫女的右臂沉积于宫女体内，不会大量飘散到周围环境中，其环保理念体现了我国古代劳动人民的智慧，因此，长信宫灯被誉为"中华第一灯"。

灯起源于火的发现和人类照明的需要。我国的灯饰历史悠久，从石灯、玉灯、金属灯到魏晋南北朝时期的青瓷灯，灯具深厚的文化气息和独特的审美风格，使其成为我国艺术文化中不可或缺的明星。

2.了解灯具的种类

设计思路：提前搜集学生家中的灯饰图片，选取其他公共场所的代表性灯饰图片，让学生欣赏课件，拉近学生与课堂的距离。

设计意图：本环节设计注重直观感受，激发学生参与学习的热情与兴趣，通过学生自己家中的灯饰和其他生活场景中的灯饰，让学生有更多的融入感和参与感，感知生活灯具美之所在。

活动设计：通过课件呈现学生家中和生活中各个场景的灯饰图片，引导学生自由发言，总结灯饰种类。

问题设计：在生活中大家还见过什么种类的灯呢？

师：随着各种材料的丰富，灯的造型和图案也变得越来越美丽。现代灯饰在满足实用性需求的前提下，也更注重灯饰外观造型上的美观、舒服、耐用等装饰性美学效果。你在生活中都见过什么种类的灯呢？（引导学生总结：吊灯、吸顶灯、落地灯、壁灯、台灯等）

3.讨论灯具的构成

设计思路：听到不如看见，看见不如摸到，展示实物灯饰，激发学生的学习热情。

设计意图：出示实物灯饰，让学生触摸各种材质制作的灯饰，近距离感受灯饰带给生活的美好。

活动设计：每个小组提供一件实物灯饰，提供的灯饰尽量体现不同材质和颜色，此环节引导学生以小组为单位主动探究灯饰的材料和色彩。

问题设计：不同质感和颜色的灯饰带给人的感受有什么不同？

师：灯饰的种类实在是丰富，放到房间里肯定很美，除了它们的灯光外，还要归功于它们漂亮的装饰。老师今天为每个小组带来了一盏漂亮的灯饰，加上讲台上的各种颜色的灯，小组内好好观察并讨论一下不同质感和颜色的灯饰带给人的不同感受。（引导学生畅所欲言：铁质灯饰带给人满满的现代感，塑料灯饰最简洁大方，纺织灯饰带给我们温馨的感受，高科技纤维灯饰让我们感叹时代的快速发展……）

（三）赏美启智

设计思路：以课件呈现代表性的富有创意的各种现代灯饰，以学生合作学习为主、教师引导为辅，多种形式结合PPT中的精美图片，带领学生认识创意改变生活的重要性。

设计意图：以多样的学习方式，引导学生在观察、欣赏、分析各种各样的灯饰，了解现代灯饰具美术作品的艺术特点，激发其创作欲望。

活动设计：利用课件欣赏图片，激发学生的创意思维，引导他们懂得创意来源于生活，创意改变生活。

问题设计：创意给我们的生活带来怎样的改变？

师：不得不佩服大家的观察能力，不同的人可能有不同的感受，大家的语言表达能力很强，你一定是位懂生活的同学……虽然每个人的感受不同，但是不同材质和颜色的灯饰都会带给我们美的享受。艺术家们在研究材质和颜色的同时，也不断追求艺术与生活的完美衔接，使人们大饱眼福。（欣赏各种创意灯饰图片）创意来源于生活，创意点亮我们的生活。

（四）寻美探究

1. 立体折叠凹造型

设计思路：通过一张简单的纸张，变身魔术师，让学生初步感知二维空间变三维空间的造型方法。

设计意图：利用身边的材料进行设计，通过活动让学生感觉自己也可以成为设计师，激发他们的自信心和参与感。

活动设计：以一张纸为例，引导学生展开想象，自己折叠，体验一张纸可以变换的不同造型。

问题设计：就一张简单的纸而言，我们能做出什么造型呢？

师：这一盏盏设计精美的灯饰，显示着独特的个性魅力。今天我们要来做一盏手工灯饰，我看大家带来了不少材料，就一张简单的纸而言，我们能做出什么造型呢？大家先来开动脑筋，简单尝试，看一张纸如何华丽"变身"。（引导学生尝试多种造型，圆筒、三面、四面、多面柱等，不断鼓励和启发）

师：同学们变换的造型还真不少，你要知道，灯饰的造型也是影响我们家居环境的重要因素之一。那如何让我们现在的简单造型也变得富有魅力呢？（教师现场演示，稍微加工后简单的造型立刻华丽"变身"，课堂氛围带到高潮）

（再结合小视频和学生的卡纸立体手工作品播放其他几种造型的"变身"方法，给学生更多的形象储备，便于下一步的创作）

2. 探究灯饰找方法

设计思路：通过之前的欣赏、探究，再结合播放制作部分手工灯饰过程的图片，引导学生小组交流并总结灯饰制作的步骤。

设计意图：利用学生的各种感官体验，引导学生自主学习。自己探究总结出的方法，更易于学生在今后实际生活中的应用，服务于生活的才是有用的知识。

活动设计：小组交流，总结灯饰的创作方法、步骤。

问题设计：你觉得还可以用什么方法装饰灯具呢？

师：（引导学生小组交流谈论后，总结出基本的创作方法：绘画、粘贴、切挖、折叠、镂空、缠绕、综合运用等）咱们来看看用这些方法制作的漂亮灯饰。（课件播放图片）

师：我们可以看到，不管是艺术家还是普通人，他们利用立体构成、色彩的明暗等美术语言，从大自然中获取灵感，物以致用，将材料的美感发挥得淋漓尽致。

（五）创美达意

设计思路：在学生刚才尝试的基础上，继续装饰完善，制作一个纸质灯饰。利用其他更多的材料，根据材料特性进行造型创意和处理，制作一个有创意的灯饰。然后各小组展示作品并插上电源，开灯观看效果。

设计意图：引导学生利用卡纸制作立体造型灯饰，或者利用废旧物品创意制作有趣的灯饰。

活动设计：以小组为单位，利用手中的材料，尝试制作一件简单的民间工艺品。

师：同学们想不想利用手中的材料亲自动手制作一件漂亮的手工灯饰？我们看看作业要求。现在就请我们在座的小设计师们以小组为单位分工合作，充分发挥大家的想象力，来为你桌上的小灯设计一件漂亮的外衣吧。（在优美的轻音乐背景中，学生开始制作，教师巡回指导）

你在制作过程中遇到了什么困难？谁能帮忙解决？

（六）尚美提升

设计思路：师生评价制作的手工灯饰，交流制作过程中的经验等。

设计意图：通过体验制作过程，认识灯饰作品在生活中的审美与应用价值。

活动设计：小组之间互评与自评，阐述制作体会，指出作品的优缺点及不足。

问题设计：你还能利用身边的哪些材料制作美丽的灯饰呢？

师：你在选择纸质材料时注意了它的哪些材料特性？你觉得打开灯后实际使用的效果如何？（卡纸质地较硬，但透光不好，用镂空法可解决）你用塑料瓶做的这个灯饰很漂亮，是不是对这种材料的质感和色彩感兴趣，觉得有利于立体造型？大家看这个作品是漂亮的兔子灯，这种具象灯饰真是别有一番趣味。你打算放在什么环境中呢？……

师：生活处处有美，创意无处不在。这节课我们体验了用彩纸和综合材料制作手工灯饰，其实，从废旧材料到艺术品的升华，只需要我们开动脑筋、发挥创意，简单的材料就可以创造奇迹。相信你们都会是生活中的有心人！

板书设计

漂亮的手工灯饰

1. 灯饰的发展史：石灯、玉灯、金属灯、青瓷灯，各种现代灯饰。

2. 灯饰的种类：吊灯、吸顶灯、落地灯、壁灯、台灯等。

3. 手工灯饰的材质、颜色。

4. 手工灯饰的创作方法。

教学评价

课件制作中音乐的引导性很重要，做成淡入、淡出的效果就不显得突兀了。音乐可以打动人，可以增强画面感，让课件更加生动。手工灯饰这节课就是动手制作课，应该让乐趣多一些、氛围浓一些，做出真实的效果吸引学生。变废为宝这个主题有些大，可以从学生带来的材料中选择，适当地变废为宝，合理利用材料装饰自己的手工灯。不足之处：教师示范时没有现场制作，而是展示的改造案例，可以再示范多一些，让学生觉得自己也可以制作出创意灯饰，增加自信。

教学设计 10 装饰画

教材分析

现代社会需要充分发挥每个人的主体性和创造性，因此，美术课程应特别重视对学生个性与创新精神的培养，采取多种方法，使学生思维的流畅性、灵活性和独特性得到发展，最大限度地开发学生的创造潜能。

装饰画在现实生活中是一种常见的居室装饰的艺术形式，它有着鲜明的艺术特色和独特的审美情趣，具有很高的实用性和审美性。装饰画体现了艺术创作中最基本的审美观念和精神品质，并且操作简单，材料多样。它可以美化生活，还能全方位地开发学生的创造潜能，引导学生在具体情境中探究与发现，找到不同知识之间的关联，发展综合实践能力，创造性地解决问题。

本课结合了多方面的美术造型因素，旨在全面培养学生的想象力、创造力、动手能力以及综合运用美术语言表达情感、装扮生活的能力。

学情分析

七年级学生在美术作品的理解、评析等方面已经形成一定的认知，具备基本的美术学科素养，对中外美术作品能简单进行评析，并且通过学习了解并掌握了一些美术绘画基础知识与技能及手工技法。但对设计应用领域中的设计表现形式认识得还不够全面，对设计作品与生活的密切联系还需要进一步了解，基于此，在本课的学习中，根据学生特点，教学设计中以创设装饰画文化情境为主，引导学生了解掌握装饰画的特点、题材、造型、材质等，丰富学生的审美经验，提高其设计审美意识的同时，创意作品美化生活，增强学生的环保意识。

教学设计思路

在教学方式上运用启发式、直观式教学策略，选取一些有代表性的作品。引导学生分别从题材、造型、构图、色彩、材质等方面进行分析，了解装饰画的特点。理论联系实际，使学生能灵活运用所学知识，创作一幅装饰画。帮助学生更准确、更整体地把握艺术创作和实践方法与精神内涵。

课件设计流程

课件采用菜单交互式，将音乐与图片完美结合，先讲解装饰画的概念、特点，随后以滚动图片模式快速找出装饰画，引出装饰画题材，以精美图片结合故事，讲解装饰画的材质与造型手法。课件的最大亮点是运用大量精美图片，引起视觉冲击力，最后以装饰画应用的介绍结束本课。

三维教学目标

知识与技能目标：通过教学，让学生了解装饰画的艺术价值，感受装饰画的艺术特色，初步掌握装饰画的特点、题材、造型、材质等。让学生完成一张装饰画作品，培养其综合运用知识的能力，提高文化素养和艺术品位，为生活增添情趣。

过程与方法：通过欣赏，分析装饰画与写实画的区别，感受装饰画的艺术特色。通过具体分析特点、题材、造型、材质等，丰富学生的审美经验。了解装饰画的创作规律，引导学生用环保材料去创作一幅装饰画，培养创新能力，提高环保意识，美化居室环境。

情感、态度、与价值观：培养学生热爱生活、热爱自然的人生态度，增强其美化居室的意识，提高艺术素养和生活品位。

教学重点：装饰画的特点和造型手法。

教学难点：发现材料的美感，巧妙地选材，合理地运用。

教学策略

了解教材的设计编排要求。本节课是室内装饰品的综合探索课，结合了多方面的综合因素，全面培养学生的想象力、创造力、动手能力以及综合运用美术语言表达情感、美化生活的能力。教学中要用好教材，引导学生在学习中联系生活，了解装饰画在现实生活中是一种常见的居室装饰艺术形式，感受装饰画鲜明的艺术特色和独特的审美情趣，将实用性和审美性相结合。同时通过题材、造型、构图、色彩、材质等综合因素进行探究性学习，在作业中探究与发现，找到不同知识之间的关联，发展综合实践能力，创造性地解决问题。

重视学生的创作过程。本课教学活动以学生创作为主，以欣赏为媒介，引导学生进行实际制作，尝试发现并巧妙利用材料进行创作。

教具准备：教案、多媒体课件、范画等。

学具准备：本子、笔、制作材料（课前学生搜集的各种各样的材料）等。

教学实施过程

（一）艺美引导

设计思路：以用饮料瓶的底部制作的一幅装饰画来引起学生的兴趣，认识装饰画在美化生活环境过程中所起的作用，引出课题。

设计意图：以简洁直观的方式，带领学生进入本课的学习。

活动设计：教师手拿饮料瓶和制作好的装饰画，引导学生理解装饰画的装饰美。

问题设计：饮料瓶的底部像什么？

师：在上课之前，老师想问同学们一个问题：你们喜欢喝饮料吗？（学生回答）老师也喜欢，那喝完了饮料，你们怎样处理饮料瓶呢？其实生活中不缺少美，只是缺少发现美的眼睛，我就在这个饮料瓶中发现了它的美，大家看一下，它的瓶底像什么？老师突发灵感，用它制作了一幅装饰画。其实这样一幅简单的画就可以挂在我们的家里，装饰、美化我们的生活环境。这节课就让我们用美的眼光去寻找美、发现美、创造美，用装饰画为我们的生活增添情趣。（引出课题：装饰画）

（二）阅美感悟

1. 观察装饰画作品

设计思路：在教室中放置装饰画作品，创设情境，思考装饰画在我们生活中的作用是什么？对装饰画作品进行初步了解，得出装饰画的定义。

设计意图：采取想象式教学方法，借助学生在生活中细微的观察，让学生感受什么是装饰画。

活动设计：学生回忆在哪些地方见过装饰画并思考其作用。

问题设计：装饰画的作用是什么？装饰画的定义是什么？

师：既然咱们学习装饰画，那我想问问同学们，装饰画的作用是什么？（学生回答，教师汇总）装饰画可以用来装点、美化生活环境。那什么是装饰画呢？（学生讨论后回答，教师汇总并在 PPT 上显示定义）装饰画是一种装饰性与工艺性相结合的造型艺术形式。

2. 了解装饰画的特点，认识写实绘画与装饰画的不同

设计思路：结合两幅实物写实绘画与装饰画，学生自主探究，讨论并分析装饰画的特点。用小游戏环节，加强学生对装饰画的认识，正确区分装饰画与写实绘画。

设计意图：本环节设计注重学生自主学习能力和观察力的提高，激发学生参与学习的热情与兴趣，在提升学生的思考能力与审美能力的同时，感知装饰画的美之所在。

活动设计：小组内进行讨论，总结出装饰画的特点。

问题设计：以小组为单位自主探究，装饰画的特点有哪些？

师：一般的美术作品是在二维空间上去表现三维的作品，而我们的装饰画却还是展现二维空间，这就是平面化。单纯化就是我们把复杂的除去，留下最简单、最有特征的，而秩序化就是一种有序的排列。在一幅作品当中，不一定所有的事物都有秩序性，而是我们需要这样有序的排列，让作品更有装饰美感，在色彩上也十分和谐。我们得出装饰画的特点是平面化、单纯化、秩序化、色彩和谐。（屏幕展示装饰画特点）

师:（PPT 展示画面，做"最强大脑"游戏）下面，我将快速播放一些美术作品，请同学们在看到装饰画的时候拍一下手。

3. 了解装饰画的题材

设计思路：学生观看装饰画的绘画内容，总结装饰画的题材。

设计意图：本环节设计注重培养学生的观察力，引导学生发散思维，了解更多的装饰画题材。

活动设计：总结装饰画的题材，引出装饰画的材质。

问题设计：装饰画的题材有哪些？

（学生观察装饰画，讨论其表现内容并回答）

师：我们所说的这些就是装饰画的题材。装饰画的题材多样，内容丰富，凡是我们可以看到和想到的一切美好的事物都可以作为装饰画的题材，我们现代人正在用自己聪明的大脑幻想着用更多美好的事物去装点我们的生活。

师：法国著名画家德拉克洛瓦曾经说过，美的本质是永久不变的，但美的形式

是有变化的。这句话在我们的这两幅装饰画上得到了验证。请同学们看看，这两幅作品有什么不同呢？（学生观察并回答）

（三）寻美探究

设计思路：以学生欣赏、合作学习为主，教师引导为辅，结合PPT精美图片，让学生重点了解装饰画的历史、用途及材料之美。

设计意图：以多样的学习方式，引导学生在观察、欣赏、分析装饰画后，了解装饰画材料的艺术特点，激发其创作欲望。

活动设计：学生观看PPT，在教师讲解中了解装饰画的材料之美。

问题设计：你在生活中见到过的装饰画是用哪些材料制作的呢？或者，你觉得用哪些材料可以做成一幅美丽的装饰画呢？

师：其实在古时候人们已经开始运用各种材料来创作装饰画。下面，我们一起去追溯装饰画的历史，感受古人运用材料的神奇。（屏幕滚动播放材质画面，教师娓娓道来）

师：古人运用各种材料制作装饰画为自己的生活增添了情趣，而现代人更是将材料运用得出神入化。那么现在请同学们小组讨论一下，你在生活中见到的装饰画是用哪些材料制作的呢？或者说，你觉得用哪些材料可以做成一幅美丽的装饰画呢？（学生讨论后回答）

师：看来同学们都有慧眼，能用心地观察生活，还有聪明的大脑，能想出那么多的创意，老师给你们点赞。我们都知道，一幅好的作品离不开好的创意，好的创意往往来自材料的不同特点。我们如何根据材料的特点，从不同角度进行创意呢？现在就请同学们跟我一起走进材料的海洋，去感受装饰画的魅力。（展示各种材料装饰画）

（四）赏美启智

设计思路：再次欣赏各种不同材料制作的装饰画，感受不同的材质带来的美感。

设计意图：通过本环节的欣赏学习，启发学生的创作思维，为下一步的尝试制作打下基础。

活动设计：学生欣赏PPT上的装饰画作品，感受作品的魅力。

师：将石材和颜料完美结合，凸显了装饰画的秩序美感，色彩鲜艳，再现了装饰画的现代美感。传统基础上的创新剪纸，使我们深深感受到了民间美术的魅力。还有这些金属纤维装饰画、蜡染装饰画、刺绣装饰画、纽扣装饰画、卡纸剪贴装饰画、金属装饰画等。那我们制作装饰画的材料仅限于此吗？当然不是，我们还可以

用更多的材料去创作出更加新颖的装饰画。（欣赏装饰画）

（五）创美达意

设计思路一：教师演示装饰画制作过程，学生仔细观察并总结，鼓励学生拓展思维，利用各种材料，亲身体验创作的乐趣。

设计意图：学会以绘制或粘贴等方法制作装饰画，美化我们的生活环境，增强动手能力的同时，开发学生的创造力与想象力，使其感受装饰画带来的美感及与生活的紧密联系。

活动设计：教师拿出一张卡纸，用橡皮泥搓条的形式演示制作装饰画。学生根据手中的各种材料以小组的形式制作装饰画。

问题设计：老师的装饰画都运用了哪些造型手法呢？你们想好用什么材料去做一幅装饰画了吗？

师：老师的装饰画做好了，我找同学来说一下，老师的装饰画都运用了哪些造型手法呢？（学生回答，教师总结并板书）

（1）概括，归纳，结构单纯，线条简明，特征明显；

（2）变形——外形更简洁、更大方；

（3）夸张——根据物象的自然特点，把特征显著的部分加以夸张或缩小，从而达到装饰效果。

师：今天我们一起欣赏了那么多装饰画，你们想好用什么材料去做一幅装饰画了吗？

师：既然同学们都那么有想法了，那剩下的时间交给大家，小组合作将手中的材料变成一幅幅美丽的装饰画吧！（学生创作，教师巡回指导）

设计思路二：师生评价制作的装饰画，交流制作过程中的经验。

设计意图：巩固本课所学知识，加强学生的动手能力，培养创新思维，提升学生对装饰画之美的认知及装点、美化生活的能力。

活动设计：播放图片，欣赏一些精美装饰画的图案，引导学生加强对装饰画的认知。

问题设计：自己的作品用了哪些材料？

师：请欣赏大家展示的装饰画，作品制作方法得当、创意新颖，教室因这些图案变得更温馨美丽了。我们从题材、材质、色彩、造型几方面来看看每幅作品的特点及含义，（学生自评、互评及师评）在交流中巩固学习。

（六）尚美提升

设计思路：欣赏视频中室外房屋上的装饰画图案，拓宽视野，提升审美品位，体会装饰画图案在室外房屋设计中的应用。

设计意图：欣赏视频中的装饰画，提升对装饰美的认识与审美品位。

活动设计：学生观看室外房屋图片，说出视频中的装饰画图案。

问题设计：室外装饰画与室内装饰画有什么区别？

师：人们不仅让自己室内的环境更加的舒适，同时也在用他们聪明的大脑去美化我们的室外环境。

希望通过这节课，同学们在课下能用不同的材料去创作更好的装饰画，来装饰生活环境，使生活更美好。

板书设计

装饰画

1. 定义：装饰画是一种装饰性与工艺性相结合的造型艺术形式。

2. 特点：平面化、单纯化、秩序化……

3. 题材：植物、动物、风景、人物、意象等。

4. 材质：石头、陶瓷、木材、橡皮泥、卡纸拼贴、衍纸等。

5. 造型手法：

（1）概括、归纳——结构单纯、线条简明，特征明显。

（2）变形——外形更简洁、更大方。

（3）夸张——根据物象的自然特点，把特征显著的部分加以夸张或缩小，从而达到装饰效果。

教学评价

本课运用初中美术课堂 24 字教学模式，以饮料瓶的底部制作的一幅装饰画来引起学生的兴趣，认识装饰画在装点、美化生活环境中所起的作用，对于学生兴趣的激发、知识点的掌握起到了很好的促进作用，而后让学生近距离观察装饰画，了解其特色的同时，真正认识了解到装饰画美在何处、装饰画在现代生活中的应用及其艺术价值所在。

教学设计 11　什物组合立体造型

教材分析

本课将生活中的现成物品进行异常组合或放置，使新创造的形象具有与原来物品完全不同的意义。本课以生活中那些司空见惯、随手拈来的现成物品做材料，加上奇思妙想，创作出不同寻常的艺术品。而用这些现成什物组合成有趣造型，正是训练学生"眼睛里有发现，脑袋里有想法，手上有功夫"的一种简单的方法。

学情分析

八年级学生正面接触装置艺术这一概念并进行这种艺术形式的创作实践活动时间略早，因为当下国内装置艺术不乏优秀作品，但也有"负能量"的糟粕，学生尚不能自主地正确分辨其优劣。所以，本课只以具体材料和制作手法的描述词汇为介入点，即关键词"什物""组合"，让学生对这一艺术样式有初步接触，并尝试进行简单的创作实践，以便今后正式接触装置艺术时，在知识结构储备方面有一定铺垫。

教学设计思路

本课作业所用的材料是一些日常什物，在搜集这些什物时就必然要思考怎样使用、怎样组合，这个过程其实就已经进入了作品的创作阶段。本课的教学过程中，可以将创作实践操作阶段为课前和课堂两部分进行，以便于学生根据自己课前的构思，利用课前时间寻找、搜集各种什物，课堂上则指导学生完成进一步的组合，完善作品，欣赏和分析作品。

课件设计流程

先是情境导入，进行视频学习。发展阶段分为五个部分：阅美感悟——感受材质，发现材质的美丽；赏美启智——欣赏作品，学习制作方法；寻美探究——合作探究，激发创作思维；创美达意——妙手生花，创意精彩作品；最后是尚美提升——发现美在身边，拓展美术视野。

三维教学目标

知识与技能：了解一种艺术造型的特殊形式，即学会以生活中常见的现成物品为材料，通过联想创意，组合成一件立体造型作品。

过程与方法：能有目的地搜集生活中常见什物，运用正确的方法构思，有计划、有步骤地完成作品。

情感、态度、价值观：培养善于从平凡生活中发现艺术创意的能力，乐于动手动脑，有兴趣用寻常什物进行艺术创造。

教学重点：材料的搜集选择，对材料的形状、色彩等因素的联想分析。

教学难点：怎样将搜集的什物组合在一起，呈现出预想的造型。

教具准备：什物、辅助材料、相关工具、多媒体辅助课件、实物投影仪等。

学具准备：身边随处可得的什物（农村的学生可以选择自然材质，比如树根、土豆、玉米棒、麻绳、树叶，城市的学生可以选择包装盒、吸管、瓶盖、牙签等），报纸，相关工具。

教学实施过程

（一）艺美引导

设计思路：情境导入，播放视频片段：一个小男孩的爸爸是牙膏加工厂的装配工人，这个小男孩把爸爸带回来的小牙膏盖积累起来，创作了一幢非常漂亮的工厂模型。

设计意图：兴趣是最好的老师。本段导入意在通过视频片段激发学生的学习兴趣。片段中的小男孩是一个非常普通的小男孩，当爸爸每天带给他小小的牙膏盖时，创意的种子就在他的心里萌芽。他以小牙膏盖为砖，垒成一座庞然大物。对于学生来说，牙膏盖是很贴近生活的材质，可以引起学生共鸣，激发他们的兴趣的同时，也引发了他们对生活中各种什物材质的关注和思考，为下面的教学做好铺垫。

活动设计：学生观看视频，发现废物利用的妙处，引发兴趣。

问题设计：同学们，生活中有许多不起眼的东西，比如小小的牙膏盖。你们平时是怎么处理它的呢？是扔掉吗？还有其他的可能性吗？

师：同学们，生活中有许多不起眼的东西，比如小小的牙膏盖。你们平时是怎么处理它的呢？是扔掉吗？还有其他的可能性吗？让我们看看下面的小男孩是怎么做的。（播放视频片段）

他的创意是不是很精彩？用不起眼的材料做出了很精美的工厂模型。生活中有很多不起眼的东西，如树枝，包装盒。不知道你们平时有没有注意过呢？雕塑家罗丹曾说过，世界上缺少的不是美，缺少的是发现美的眼睛。让我们发挥想象，将这些常见的材料变成有趣的艺术作品，赋予它们艺术的新生命。（板书课题：什物组合立体造型）

（二）阅美感悟

设计思路：在这一环节中，教师将什物根据形状不同进行分类，引导学生观察并感受其形状、质感、肌理，使学生对其有一定的了解。初步引发学生的感受和思考，并可以更好地对什物进行选择。

设计意图：感受物品，发现美丽，学生的感受和思考可以帮他们进行选择，激发探索兴趣。

活动设计：（1）学生展示所带物品，按形状大致分类。

（2）观看资料图片，感受物品的色彩，肌理，块、面 、线、点。

（3）触摸、感受物品，进行恰当的选择和运用。

问题设计：（1）如果按照形状的不同进行分类的话，这些物品大致可分为几类？

（2）给出了两种物品：玉米须和竹片，两种都是线状材料。假设现在要选择一种做小女孩的头发，你会选哪种？

（3）除了老师给出的物品，你带来的物品里还有适合做头发的吗？

师：请同学们将带来的材料进行简单的展示，并思考：如果按照形状的不同进行分类的话，这些物品大致可分为几类？（学生讨论并回答）

根据不同形状，我们可以把物品大致分为以下几类：块状材料、面状材料、线状材料、点状材料。（师生归纳，教师板书）

老师今天带来一些图片，请大家观察并感受各种材料呈现出了怎样不同的质感肌理与色彩。（展示材料图片，学生举例，感受材料的色彩，肌理，块、面 、线、点）

同学们举的实例很好，正是由于各种材质的肌理、视觉效果不同，我们需要进行恰当的选择和运用。

（教师创设情境问题，给出了两种线状材质——玉米须和竹片）

师：假设现在要选择一种做小女孩的头发，你会选哪种？

（学生回答：玉米须做出来的效果可能更好，竹片让人感觉太硬）

教师归纳：各种材质的软硬、大小、肌理、视觉效果各不相同，要根据具体情况选择恰当的材质为我所用。比如将葱根联想成乱蓬蓬的头发，再加上胡子，一位不修边幅的教授就出现在我们眼前了，效果真不错。

师：除了老师给出的物品的材质，你带来的物品中还有适合做头发的吗？（学生分组讨论并找出）

（三）寻美探究

设计思路：这一环节主要针对造型方法进行分析、思考和实践，先通过对报纸的实践得出一定的方法，然后将方法应用于其他的材质和作品中进行讨论分析，再把方法归纳出三类。

设计意图：作品的造型方法是本课的教学重点，注重探究学习及方法归纳，让学生理解并灵活运用造型方法。

活动设计：教师示范报纸"大变身"，然后学生动手实践，改变材质的形状，并归纳各种造型方法。

问题设计：（1）运用什么方法对材质进行加工会让它变成我们想要的样子呢？

（2）你们分别用了什么方法把报纸加工成另一类材质的？

（3）不同的材质可用不同的加工方法，这些方法你们都会用吗？

（教师示范报纸"大变身"，将报纸剪成条，面材变成了线材）

师：可以运用什么方法对材质进行加工，让它变成我们想要的样子呢？（学生回答）

下面我们就动手实践：各小组准备一张报纸（面状材料），在两分钟时间内用你想到的造型方法加工它，将其变成另一类材质，块材、线材或点材皆可。（学生分组合作，对报纸进行快速加工）

师：你们分别用了什么方法把报纸加工成另一类材质的？（学生归纳：用了揉搓、卷、撕、编、剪的方法）

师：你们的方法除了用在报纸上，也可以用在其他材质上。

这些方法你们都会用吗？请欣赏下面的作品，同时分析其使用了什么造型方法。（学生观看PPT并讨论，归纳各种方法：卷、弯折、粘接、缠裹、剪、贴、切、嵌、插等）

师：针对不同材质我们可以运用合适的造型方法，考察一下同学们是不是会根据材料来选择方法，请大家将材质和相应的方法连线。有时一种材料可以用几种方法，可以多连一些。（学生开始将材质和相应的方法连线）

师：在连线时，同学们有什么发现？（学生回答）对！同种材质可以用到多种方法，而有的方法适用于多种材质，通过造型加工，块材、面材、线材、点材之间也可以相互转换。

通过学习，小组讨论一下，造型方法可以归纳为几种？（学生归纳并回答）造型方法主要有三种：添加、削减、分割重组。（教师板书）

（四）赏美启智

设计思路：这一环节意在突破"生活中各种材料的想象与创意表达"这一教学难点。通过两种思维方式的呈现、对比思考和教师示范，通过毕加索的作品等具体案例的思维过程的展现，将比较抽象的创意思维过程变得透明，拉近了学生与创作的距离。

设计意图：难点突破，两种思维方式的呈现、对比和思考，促使学生大胆思考，激发想象力。

活动设计：（1）从材料开始，让各种材料激发我们的想象力。

（2）由要塑造的对象本身的形象引发联想，寻找合适的材料去表现。

问题设计：

（1）大家都见过自行车吧？自行车的坐垫大家都很熟悉吧？你看它像什么呢？

（2）你在这两件作品中看到了什么熟悉的物品？

（3）接下来我们也来学学毕加索的变废为宝的思路，看到菱角，你能联想到什么呢？

（4）请以《小老鼠》为造型对象，联想一下，哪些材料适合用来表现它？

师：我们了解了方法，是不是就能做出好的作品？不一定，要想做出好的作品就必须有好的创意。如何才能有好的创意呢？要有丰富的想象力。下面我们来了解不同的思维方式。

方式一：从材料开始，让各种材料激发我们的想象力。

如果加入你的想象力，身边的很多再熟悉不过的物品都会变得有趣。大家都见过自行车吧？自行车的坐垫大家都很熟悉吧？你看它像什么呢？

在有的人眼里，这个破旧的自行车坐垫是一件废品，应被直接扔进垃圾箱。而有个老人看到它，把它捡起来，再加上自行车的车把，现在它像什么了？

（欣赏毕加索的作品《公牛头》，材料原形引发联想）

毕加索的《公牛头》用身边常见的物品——自行车坐垫和车把，加上丰富的想象力将二者进行组合，诞生了一件令人印象深刻的作品。

毕加索是一位有着丰富想象力的艺术家。他喜欢保留并搜集身边可利用的东西，认为总有一天它们会派上用场。喜欢在垃圾堆里"寻宝"的他懂得如何赋予物品新的生命，将这些毫不起眼的物品变成艺术品。（出示两张毕加索作品的图片）

（组织学生进行小组讨论：你在这两件作品中看到了什么熟悉的物品？）

师：我们发现了猴妈妈的头原来是两辆玩具小汽车对拼而成的。而跳绳的小女孩脚上穿的就是两只捡来的旧鞋子，身体是由一只篮子拼成的，头发是用纸板做的。我们也可以在生活中注意各种不起眼的"宝贝"，准备一个百宝箱，把它们放进去。说不定哪一天，你就能把它变成一件艺术品。

师：接下来我们也来学学毕加索的变废为宝的思路，看到菱角，你们能联想到什么呢？

（学生展开联想，讨论并回答）

师：菱角尖尖的，很有角的感觉，我们可以把它设计成动物的犄角。如图：以沐浴露瓶子为主体，通过分割重组做成了很有趣的牛的形象，牛角就是用菱角做的。

方式二：由要塑造的对象本身的形象开始引发联想，寻找合适的材料去表现。

师：书中的《堂吉诃德》就是根据主题去搜集各种材料组合成的一件非常有趣的艺术品。这些机械零件五花八门，组合在一起还真的十分形象呢。

下面我们自己来开动脑筋塑造一个动物形象。老师先画它，请你们来猜一猜它是什么。

（教师边画边描述它的特征：它有尖尖的嘴巴、圆圆的耳朵、细细的胡子和长长的尾巴）

猜对了吧？这是一只小老鼠。下面请以小老鼠为造型对象，联想一下，哪些材料适合用来表现它？（学生积极思考并讨论）师生归纳：选择圆形块材、线材为主的材料比较合适。

（教师示范：用萝卜通过切、插、接塑造一个老鼠形象）

（PPT 出示图片拓展欣赏：这群偷油的老鼠是用开心果的壳粘接组合做成的）

（五）创美达意

设计思路：学生分组合作展现其想法与创意，完成创作过程并深化。

设计意图：学生以小组为单位进行创意，完成作品后师生互评，以此培养学生的团队合作意识与创新精神。

活动设计：明确作业要求，进行创作和深化。

问题设计：如何评价作品？

师：同学们分组合作，尝试用身边的材料塑造一个或一组你喜欢的动物形象的局部特写或整体造型。（比如：昆虫、马、牛等熟悉的动物或你的属相动物）

作业要求：特征鲜明，动态夸张，生动有趣。

师：要敢于尝试各种材料的综合运用。（学生做作业，教师巡回辅导）

（作业完成后，展示作品，师生互评，找出优点与不足）

（六）尚美提升

设计思路：欣赏 PPT 中其他材料做成的作品，拓宽学生视野。

设计意图：通过拓展欣赏，让学生的思路进一步打开，将学生的视线引向生活中更为宽广的范畴。在此欣赏过程中培养学生的鉴赏能力与善于发现、废物利用的创造能力。

活动设计：欣赏金属材料及其他废旧物品做成的比较复杂的作品，感受作者的想象力、创造力。

问题设计：金属材质的作品带给你怎样的思考？

（观看 PPT 图片，欣赏金属材料及废旧物品做成的比较复杂的作品，感受作者的想象与创造力）

结语：身边的材料需要我们去发现，看似平凡的物品在我们手中可以创造出新的生命力。让我们保持一颗艺术的童心，在生活中随时发现美、创造美，把生活化为艺术，把腐朽化为神奇。

教学评价

本课强调材料的运用，生活中各种各样的材料都可以使用，可以说是"处处皆艺术"。在材料的选择和准备问题上，考虑到材料的寻找和加工的难度、学生的年龄特点等因素，教师选择了相对较容易加工的自然材料或生活中易于加工的废旧材质，将金属材质等放在了课后拓展部分。在课程结构上层层递进、由易到难，将"艺术源于生活，但是又高于生活"理念贯穿在各个环节中。

首先，课程导入的设计情境性强，从学生熟悉的牙膏盖展开故事，当学生看到平时不起眼的牙膏盖经过小男孩查理的奇思妙想和巧手制作居然摇身一变成了一座精美的工厂建筑模型时，学生的兴趣被充分地调动，为下面的学习打下很好的基础。

其次，造型方法是本课重点，在学习方法的教学环节之前，教师让学生先来感受材料的质感、体块，请学生按形状不同将物品归类，初步引发学生对于材质的感受和思考。然后再通过对比、分析学习造型方法，层层递进，消除学生面对一堆各种各样的材料时的困惑。

然后，在寻美探究环节中，教师没有简单讲授联想等思维方式，而是以几个生动的案例引出了两种不同的思维：由材料引发的联想和根据主题去寻找材料，给学生切实可行的操作思路，使学生突破思维的"瓶颈"，解决难点。

本课在教学过程中也有许多困惑和不足，如课前学生对物品材料的准备过于常规，缺乏对生活的细心观察，教师与学生在实践环节上的互动可以更深入一点。希望经过思考、实践和反馈，教学设计能不断完善，让学生通过学习深入感受和发现生活中的艺术之美。

第三节 "欣赏·评述"学习领域中的中心模式应用

教学设计1 中国民间美术

教材分析

民间美术是由劳动人民创造的、群众喜闻乐见的、与自身生活息息相关的一种艺术形式。它历史悠久，内涵丰富，表现形式多样。民间美术作品根植于民间，应用于民间，既是生活用品，又是寓意深刻的艺术品，在民俗活动中占有重要地位，寄托了百姓对美好生活的向往与追求。本单元主要教学内容为民间美术的种类、民间美术的表现形式与艺术语言特点、民间美术与生活的关系。本课属欣赏评述领域，主要以介绍民间美术种类为主，重点介绍了年画、剪纸、玩具、木偶、刺绣、风筝、编结等种类的特点及在民俗方面的价值。本课旨在通过一些活动，引导学生理解民间美术的艺术语言与表现形式，深刻体会并理解民间美术在人民生活中的重要作用与价值体现。

学情分析

八年级学生在美术作品的理解、评析等方面已经形成一定的认知，具备基本的美术学科素养，对中外美术作品能简单进行评析，并且通过学习了解和掌握了一些美术绘画基础知识、技能及手工技法；但对中国民间美术的表现形式及艺术价值的体现认识得还不够全面，对民间美术作品与百姓生活的密切联系还需要进一步了解掌握。基于此，在本课的教学中，可根据学生特点创设教学情境，引导学生对民间美术作品进一步学习，使其对中国传统美术作品有更深的了解，根植爱国主义情怀，增强民族自豪感。

教学设计思路

本课运用初中美术课堂24字教学模式，创设民间作坊情境，教学过程以诗、画、故事为载体，引领学生走进民间作坊，通过听、看等方式，了解中国民间美术的种类及创作过程；以触摸、讨论等方式理解民间美术作品的艺术特点及其价值所在；通过大型演出及生活用品中民间美术元素的体现，开阔学生视野，提升学生审美认知水平，以美育人，以美养德。

课件设计流程

课件采用菜单交互式，将民乐与民间美术形式联系起来，全堂贯穿江苏民歌《茉莉花》。在《茉莉花》的二胡音乐声中介绍民间美术的概念，欣赏一组材质朴实、造型优美的工艺品。然后，走进民间作坊，采用超链接及视频观看的形式着重了解几种民间美术形式，总结出民间美术的艺术特点，随后利用视频与画面引出民间美术在其他领域与国际艺术舞台上的应用，最后在《茉莉花》的歌声中结束本课。

三维教学目标

知识与技能：了解民间美术的种类、表现形式与艺术语言特点；认识民间美术在生活中的价值；尝试掌握简单的制作技巧。

过程与方法：通过欣赏与近距离接触民间美术作品，认识中国民间美术独特的艺术性与表现特点；通过动手制作，感受民间美术作品的魅力所在，并体会劳动人民在创作过程中所表现出的智慧。

情感、态度、价值观：在了解民间美术在生活中的应用价值的同时，理解中国民间美术作品在其他领域的应用及在国际上的艺术价值，根植爱国主义情怀，增强民族自豪感与自信心。

教学重点：了解中国民间美术的艺术语言及制作特点。

教学难点：理解民间美术作品在现代生活中的应用价值。

教具准备：民间工艺品若干件、课件、课本。

学具准备：面塑材料、泥塑材料、剪纸材料。

教学实施过程

（一）艺美引导

设计思路：以江苏民歌《茉莉花》为背景音乐，渲染氛围。

设计意图：突出美术课堂的艺术性与美育功能，使学生浸润在浓浓的情境中，自觉地融入课堂，为下一步教学开启良好开端。

活动设计：学生聆听江苏民歌《茉莉花》。

问题设计：你还知道哪些民间艺术形式？

师：我国民间艺术形式多样、种类繁多，除了民歌外，还有许多群众喜闻乐见的艺术形式。（以此引出课题：中国民间美术。）

（二）阅美感悟

1.观察民间美术作品

设计思路：在教室中放置民间美术作品，创设情境；在二胡音乐《茉莉花》的背景音乐中学生走进"民间作坊"参观，对民间美术作品进行初步了解，得出中国民间美术的概念。

设计意图：采取情境直观式教学方法，走进手工作坊欣赏实物，形成视觉冲击力。通过触摸、观察民间美术作品，学生充分体会民间美术的艺术魅力，对什么是民间美术形成初步概念。

活动设计：学生在"民间作坊"情境中近距离观察民间美术作品。

问题设计：什么是中国民间美术？

师：中国民间美术是构成我国民族美术传统的重要组成部分，是人民群众创作的用以美化环境、丰富民间风俗活动和在日常生活中应用及流行的美术形式。中国民间美术扎根于劳动人民的生活，直接反映劳动人民的思想感情和艺术才能。中国民间美术经过几千年发展，不断丰富和创新，形式更加多样化。

2. 了解民间美术作品的种类与表现形式

设计思路：巡回参观后，学生以小组为单位对教室中的美术作品进行分类。每组派代表向师生展示一件工艺品，重点了解民间美术分类中的几个类别：年画、皮影、剪纸、风筝、玩具。

设计意图：本环节设计注重直观感受，激发学生参与学习的热情与兴趣，在提升学生的思考能力与分析审美能力的同时，让其感知民间艺术品的美之所在。

活动设计：小组内进行讨论，总结出民间美术作品的种类。

问题设计：民间美术的表现形式有哪些？

师：民间美术作品材料丰富，形式多样。在已知的种类中，我们可以大体归纳为以下几类，这也是我们今天要了解的民间美术分类：年画、剪纸、玩具、皮影、刺绣、染织、草（竹）编。（屏幕展示种类）

（三）寻美探究

设计思路：以学生合作学习为主、教师引导为辅，以故事、诗词等形式结合PPT精美图片，带领学生重点了解几种民间美术作品的功能、用途及艺术特色。

设计意图：以多样的学习方式，引导学生在观察、欣赏、分析民间美术作品后，了解民间美术作品的艺术特点，激发其创作欲望。

1. 年画

活动设计：教师出示门神年画，以传说故事引导学生自主学习，了解年画知识并总结出年画的特点。

问题设计：（1）年画的制作形式以什么为主？

（2）年画的文化内涵是什么？

师：年画是我国一种古老的民间艺术，是我国民间最普及的艺术品之一。其名称有一个不断演变的过程，在宋代曾被称为"纸画"，明代则称为"画贴"，清代称作"画片""画张""卫画"等。

年画历史悠久，起源于汉代，发展于唐宋，盛行于明清，因其具有吉祥寓意，寄托人们对美好生活的向往，一直以来受到百姓的喜爱，在过年过节时是百姓家必不可少的渲染喜庆气氛的美术作品，所以年画也叫"喜画"，反映了人民朴素的风俗和信仰，寄托着他们对未来的希望。随着印刷术的兴起，年画的内容已不仅限于门神之类单调的主题，而是变得丰富多彩。制作形式主要以木版年画为主，苏州桃花坞年画、天津杨柳青年画、山东潍坊杨家埠年画、四川绵竹年画在我国历史上久负盛名，被誉为"年画四大家"。（屏幕滚动播放年画图片）

年画作为民间的新年祝福，充满了喜庆，因此，民间年画大多采用大红大黄等鲜艳火爆的色彩，注重情趣和造型的表现，人物生动可爱，富有活力，体现了民众智慧，形成了博大精深的传统文化。民间年画因风俗节日而兴起，寄托了人们风调雨顺、农事丰收、家宅安泰等祈福迎财、驱灾避邪的愿望。民间年画来自民间，被赋予了惩恶扬善、尊崇忠良、赞美勇武的主题，在为底层民众带来美的享受的同时，对其也起到了激励的作用。

2. 皮影

活动设计：学生根据搜集的材料，采用各种形式，积极主动地去体验和探究民间美术形式，了解有关皮影的知识。

问题设计：皮影的制作材料与艺术特色是什么？

师：民间庆新年的方式很多，过年除了贴年画外还有其他庆祝活动，如看戏。下面我们就放松一下，看一出简短的戏曲。（请三个同学上台表演皮影戏《龟与鹤》片段）

请各组同学讨论探究：皮影的制作材料及艺术特色是什么呢？（学生分组讨论，以小组为单位进行阐述）

师：皮影戏是我国民间古老的传统艺术，老北京人都叫它"驴皮影"。据史书记载，皮影戏始于西汉，兴于唐朝，盛于清代，元代时期传至西亚和欧洲，历史源远流长。2011 年，中国皮影戏入选联合国教科文组织非物质文化遗产代表作名录。

皮影戏有两大特点：一是在白色的影屏上，透过光才能观赏影和色的艺术效果。光、影、色三者的组合效果，形成了皮影雕刻艺术的观赏性，这也是皮影独有的艺术特色。二是追求平面的装饰效果。由于皮影表演中的局限性,在设计上不受透视、解剖等限制,一般都采用侧身五分脸或七分脸的平面形象,外轮廓突出,视觉醒目。在场景设计上以少胜多,以一当十,一朵云代表天空和行云,一棵树代表山林。在影屏上追求平面构成的形式美,求得影体与空间、疏与密、虚与实、动与静的对比和变化。

3. 剪纸

活动设计:教师手拿一张红纸与剪刀,快速剪出一个图案,贴在教室窗户上,结合民间剪纸艺人视频,请手中有剪纸作品的小组派代表分析剪纸,了解我国南北剪纸的艺术特色与文化内涵。

问题设计:(1)我国南北剪纸艺术的特点分别是什么?

(2)剪纸所包含的文化内涵是什么?

师:剪纸是民间最常见的一种艺术形式,"一剪之巧,夺神功"。用一把剪刀、一张纸,就能剪出形态各异、妙趣横生的诸多形象。(播放剪纸画面)剪纸作为劳动者的造型艺术,寄托着劳动人民的理想与信念,表现着他们的喜怒哀乐。

剪纸种类繁多,寓意深刻,寄寓了普通百姓对美好生活的期盼与向往。南方剪纸细腻温婉,秀美隽永;北方剪纸粗犷豪放,质朴大方。

4. 风筝

活动设计:以高鼎的古诗《村居》引出风筝,学生根据手中的实物分析讲解风筝的艺术特色,屏幕播放画面配合学生加深了解。

问题设计:潍坊风筝的色彩特点是什么?

师:"草长莺飞二月天,拂堤杨柳醉春烟。儿童散学归来早,忙趁东风放纸鸢。"诗人为我们描绘了生机勃勃的春日景象,诗中描写的"纸鸢"就是我们手中的风筝。春节过后迎来草长莺飞的二月天,杨柳春烟,春和景明。这个时节最适宜儿童闲暇做的事就是放风筝。实际上我国最早出现的风筝是木材做的,东汉蔡伦发明了造纸术后才有了纸风筝的出现。

民间传统风筝以源于山东潍坊的民间三色风筝为代表。三色风筝的主要标志是采用红、绿、黄三色构图,色彩鲜艳,对比强烈。潍坊的杨家埠是全国三大年画产地之一,三色风筝与杨家埠的木版年画相互影响、相得益彰。

5. 民间工艺品玩具

活动设计:教师用泥娃娃的传说引出民间工艺品玩具,根据作坊中的泥娃娃阿福及布老虎工艺品,学生列举生活中所见的民间玩具,讨论并总结出民间玩具的造型特点。

问题设计：我国民间工艺品玩具的造型特点是什么？

师：民间工艺品玩具种类繁多，制作材料都是就地取材，造型简练、夸张、色彩鲜明，形象生动可爱，符合我国劳动人民的审美，以朴素自然的地方风格受到国内外人民的欢迎。

6.阶段汇总

活动设计：根据前面所欣赏的几种美术作品形式，学生分组讨论，总结出中国民间美术的艺术特色。

问题设计：中国民间美术作品的艺术特色是什么？

师：民间美术作品代表着人们祈福求祥的美好愿望。春节挂红灯、贴年画，三月三赛龙舟、放风筝，几乎所有的民间美术都与民俗风情有关。你任意拿起一件民间美术作品，都可以找出与此有关的传说、习俗。民间美术与民俗活动关系极为密切，如民间的节日庆典、婚丧嫁娶、生子祝寿、年画、剪纸、春联、戏具、花灯、扎纸、符道神像、服装饰件、龙舟彩船、月饼花模、泥塑以及少数民族民俗节日中的服饰、布置。

民间美术作品分布于各地，因地域、风俗、感情、气质的差异又形成丰富的品类和风格，但它们都具有实用价值与审美价值统一的特点。

另外，它们的制作材料大都是普通的木、布、纸、竹、泥土，但制作技巧高超、构思巧妙，擅长大胆想象、夸张，而且常用人们熟悉的寓意谐音手法，风格清新刚健、淳朴活泼，表达了对美好生活的憧憬与追求，富有浪漫主义色彩，让人有更多的喜庆感觉。

（四）赏美启智

设计思路：再次欣赏各种不同材料制作的工艺品，感受民间艺人的创作历程及民间美术作品带来的美感。

设计意图：通过本环节的欣赏学习，启发学生的创作思维，为下一步的尝试制作打下基础。

活动设计：学生欣赏 PPT 中的中国民间美术作品图片，感受作品的魅力。

（五）创美达意

设计思路一：利用各种材料制作不同的美术作品，体验创作的乐趣，感受民间艺人的创作历程及民间美术作品带给人们的震撼。

设计意图：本环节通过亲身体验，巩固学生对民间美术作品的学习认知，增强

寻艺尚美

其动手能力的同时，开发其创造力与想象力，使其对民间美术作品的制作有进一步的了解。

活动设计：以小组为单位，利用手中的材料，尝试制作一件简单的民间美术作品。

师：民间艺人利用手中的各种材料为我们创作了大量的美术作品，制作的过程充满了智慧、注入了情感。同学们想不想亲身体验一下这种创作的乐趣？好！下面就利用自己手中的材料开始制作吧！（在二胡音乐《茉莉花》背景中，学生开始制作，教师巡回指导）

设计思路二：师生评价制作的工艺品，交流制作过程中的经验；列举民间美术在其他领域的应用，如服装、舞台剧。

设计意图：通过体验制作过程及举例，认识民间美术作品在生活中的审美与应用价值。

活动设计：小组之间互评与自评，阐述制作体会，指出作品的优缺点及不足。

师：大家在制作过程中简单体会到了民间艺人的独具匠心，也再一次认识到了民间美术作品的质朴。美在民间，希望同学们以后寻找到更多的民间美术作品，体会其魅力所在。

（六）尚美提升

设计思路：播放张艺谋执导的 2004 年雅典奥运会闭幕式上"北京八分钟"的片段，女子十二乐坊演奏的《茉莉花》，请学生感受中国民间艺术在国际上的影响，了解表演中运用的民间美术元素。

设计意图：民族的就是世界的，视频深化了学生对民间美术的了解，增强了学生的民族自豪感。

活动设计：学生观看演出视频，说出视频中的民间美术元素。

问题设计："北京八分钟"中运用了哪些民间美术元素？

师：中国民间美术来源于普通百姓，它是我国人民群众智慧的结晶。随着现代社会的发展，中国民间美术已经走向世界。（播放民歌《茉莉花》，与导入前后呼应，情景交融）

板书设计
中国民间美术

1.概念：中国民间美术是人民群众创作的用以美化环境、丰富民间风俗活动和在日常生活中应用及流行的美术形式。

2. 种类：年画、剪纸、风筝、皮影、玩具等。

3. 艺术特点：造型质朴，色彩鲜艳。

教学评价

本课运用初中美术课堂 24 字教学模式，采用情境教学法，以民族乐曲《茉莉花》的背景音乐与民间美术作品为学生营造了一种浓浓的中国乡土文化艺术氛围，对于学生兴趣的激发、知识点的掌握起到了很好的促进作用，使学生在"民间作坊"中欣赏、触摸、近距离观察民间美术作品，了解其特色的同时，真正认识到中国民间美术作品美在何处、民间美术作品在现代生活中的应用及其艺术价值所在。

教学设计 2 自然风光 浓缩案头——盆景设计与制作

教材分析

本课内容是学习盆景的设计与制作，共安排了搜集与交流、思考与探究、体验与实践三个活动环节。其中，第一环节是通过欣赏、交流师生搜集的盆景实物或图片，分析、讨论、总结盆景的形式类别和艺术特点。第二环节旨在通过分析典型的盆景作品，总结不同形态盆景的创作立意及其特有的形式美感，分析作者的表现手法。第三环节是利用搜集的现成材料或当地常见的特色材料，模拟制作一件小型盆景，并用来装点自己的生活空间，感悟盆景艺术的价值和意义，激发学生热爱生活、热爱自然的情感。

学情分析

九年级学生在美术作品的理解、评析等方面已经有了一定的基础，具备基本的美术学科素养，能对中外美术作品进行简单评析，并且通过学习了解和掌握了一些美术绘画基础知识、技能及手工技法。学生在生活中对于盆景艺术有所了解，但不是很多，本课安排了搜集与交流、思考与探究、体验与实践三个活动环节，让学生能够进一步了解盆景艺术，展现人类回归自热、热爱生命的情怀。

教学设计思路

本课的学习内容离学生生活较远，知识点比较陌生，所以在教学设计上我运用初中美术课堂 24 字教学模式，以直观的实物盆景、精美的 PPT 图片、浅显易懂的讲解等，结合学生的观察、触摸、讨论探究等，师生互动，了解盆景的种类、艺术特点及各种造型，在激发学生学习兴趣的同时，锻炼学生的动手能力，提升审美认知，培养学生热爱自然、热爱生命的情感。

寻艺尚美

课件设计流程

本课课件内容以文字、图片、视频与音乐结合的方式，采取菜单交互式，先用视频介绍盆景的发展历史，再用精美的图片和文字，让学生了解盆景的布局、样式等内容。讲解中，教师将音乐背景穿插其中，营造艺术氛围，使学生从视觉上感受盆景的魅力所在；最后再以滚动播放精美盆景图片的形式，开阔学生视野，提高鉴赏能力。

三维教学目标

知识与技能：通过盆景的设计、剪贴和制作让学生的想象力得到充分发挥和拓展，带领学生在观察感悟中了解并掌握盆景的概念、历史及艺术特点。

过程与方法：了解山水盆景的一般性布局规律，利用各种废旧海报、日历图片，指导学生设计、剪贴和制作盆景，掌握材料特性和造型手法的运用。

情感、态度、价值观：给学生搭建一个创作和欣赏美的平台，让学生在美的创作过程中体会快乐和自信。培养学生热爱自然、热爱生活的情怀。

教学重点：学习树木和盆景的设计与制作方法，与同学合作自制小盆景，增强学生的设计、制作能力及经营组织能力和美化生活的能力。

教学难点：拓展活动中学生利用各种材料进行盆景的设计制作。

教具准备：多媒体课件、盆景实物与图片等。

学具准备：了解有关树木盆景及树的形态和造型的常识，准备橡皮泥、彩纸、卡纸、剪刀、双面胶、固体胶、牙签等。

教学实施过程

（一）艺美引导

设计思路：以实物盆景赏析作为导入，简单直接。

设计意图：以直观的方式吸引学生产生兴趣，快速进入课程的学习。

活动设计：教师出示几盆别致的盆景，学生观察，教师语言讲解。

师：同学们，老师今天带来了几件非常漂亮的东西请大家欣赏一下，（出示盆景）谁知道它们的名字？对！这是山水盆景。山水盆景是我国园林艺术中的一颗明珠，有着一千多年的悠久历史。它以盆为纸、山石为绘，集中再现了大自然的山水胜境，被誉为"无声的诗""立体的画"。同学们如果自己动手制作一个小小的山水盆景，把它放在茶几或窗台上，在闹市的斗室之中领略大自然诱人的风光，那一定别有一番情趣。除了山水盆景，还有没有其他种类的盆景呢？这节课我们就近距离地欣赏盆景并了解其相关知识。（引出课题：自然风光　浓缩案头——盆景设计与制作）

（二）阅美感悟

1. 了解盆景

设计思路：引导学生欣赏树木盆景，初步感受盆景中树木的形态和造型。结合视频，了解盆景的起源。

设计意图：通过欣赏盆景艺术的形态和造型，初步认知盆景艺术的魅力并进一步了解盆景的起源。

活动设计：学生谈谈课前对盆景的认识和了解。小组交流，师生畅谈，了解盆景的概念。

问题设计：什么是盆景？

师：盆景是植物栽培技术和造型艺术相结合的一种形象思维艺术，也是"无声的诗""立体的画"。它起源于中国，这是世界公认的。至于起源于何时，盆景界人士的看法尚不统一。现在很多人认为，盆景是由栽培观赏植物及模仿自然山林砌山造园发展演变而来的。在浙江余姚河姆渡村新石器时期遗址中发现绘有盆栽植物的陶片，有人认为这可能是盆景起源最早的证据。在河北望都东汉墓壁画中有盆栽花卉的画面，画面上有一个圆盆，盆中栽着六枝红花，盆下配有方形几架，形成植物、盆钵、几架三位一体的艺术造型，与现代的盆景极为相似，有人认为这就是盆景的前身。

2. 认识盆景

设计思路：学生展示课前搜集的有关盆景的知识，交流对盆景的认识；结合图片，了解盆景的两种类别。

设计意图：本环节设计注重直观感受，通过分享自己搜集的相关资料，激发学生参与学习的热情与兴趣，在提升学生思考能力与分析审美能力的同时，感知盆景的艺术美。

活动设计：以小组为单位，学生介绍完自己搜集的相关资料后观看图片，了解盆景的种类。

问题设计：盆景的种类有哪些？

师：从刚才的阐述中可以看出同学们对盆景有一定的了解。盆景的种类是不一样的，一种是以树木为主，一种是以假山石为主，这就是我们接下来要了解的盆景的两大类别：树木盆景（树桩盆景）与山水盆景（山石盆景）。

请看屏幕上的图片，同学们可以讨论一下：这两种盆景的不同点是什么？（学生讨论）

树木盆景的类型：树木盆景是以木本植物为主体材料，表现单株或多株树木景观的盆景类型。制作树木盆景需要从山野中采集根系、枝干完整的小型树桩，栽植于盆钵之中。在其生长过程中，要不断对各个部位以牵拉、修剪、曲、固定等手法进行处理，常年精心栽培，使之达到需要的造型。因此，这类盆景需要经过多年的培育，有些甚至经过几代人之手，有几十年甚至上百年的培育历史，成为活着的、有生命的"古董"。树木盆景一般分为自然型和规则型两大类。自然型是今后的发展趋势。

山水盆景（或称"山石盆景"）是以自然山石为主要材料，将山石搭配组合，附以亭台树木、人物、动物等点缀物，在盆盘之中构成微型景观的实体造型艺术。山水盆景有水盆式和旱盆式的区别：将山石置于浅口水盆中，盆中贮水，表现山水相映的景致，称为"水石盆景"；将山石置于浅口旱盆中，盆中盛土，表现无水的天然山景，称为"旱石盆景"。

山水盆景中的山石要以山的面貌呈现，至少要表现一座完整的山峰且要作为主景。山水盆景中的水也以大江大湖的面貌出现，有"一勺则江湖万里"之势，使咫尺盆中尽显千里风光。

（三）寻美探究

设计思路一：出示两幅盆景图片，学生讨论交流对盆景的感受，体会其"小中见大"的特点。探究得出两大类盆景各自的不同形式与艺术特点。

设计意图：以小组合作的形式，引导学生在观察、欣赏、分析盆景后，了解盆景的艺术特色与盆景样式，认识盆景在生活中的作用。

活动设计：学生以小组合作的形式观察两盆盆景并进行讨论，探究得出两种盆景样式的不同。

问题设计：（1）盆景的艺术特点是什么？

（2）盆景的样式有何不同？

师：把各小组的回答总结一下，可以得出盆景的艺术特点主要包括立体性、生命性、盆的规定性、风景的规定性、创作的连续性以及美感的可变性。（学生讨论交流对盆景的感受，体会其"小中见大"的特点，并大体得出盆景的艺术性，教师汇总并板书）

下面我们再来进一步观察，树木盆景与山水盆景在样式上有什么特点。（学生观察两大类盆景，讨论指出各自的不同形式，教师汇总）

树木盆景：曲干式、风动式、斜干式、附石式……

山水盆景：对山式、开合式、峡谷式、散置式……（PPT 显示图片）

设计思路二：以小组合作的形式，引导学生在观察、欣赏、分析盆景后，了解树木盆景中树木的样式及其艺术特征。

设计意图：以直观的方式，探究讨论常见树木的基本特征。

活动设计：学生以小组合作的形式观察树木盆景并进行讨论，探究得出树木盆景中树木的样式。

问题设计：树木盆景的样式有哪些？

师：请同学们看看教室中的这款树木盆景在造型、布局上有什么样的特点？（学生观察并讨论）我们继续欣赏一些图片，能不能找出盆景的几种样式？（学生讨论后回答）盆景的样式主要有以下几种。（PPT 出示图片）直干式：主干直立，有古木参天的气势；斜干式：主干倾斜，动感明显；卧干式：主干横卧，尖端向上，表现顽强的生命力；悬崖式：树干向外悬挂下垂；曲干式；主干呈"之"字形弯曲，形似线龙；丛林式：树木丛生，郁郁葱葱；附石式：根系抓握顽石；双干式：双干并出，一正一舒，刚健劲道。

（四）赏美启智

设计思路一：再次欣赏各种不同造型的树木盆景和山石盆景，感受盆景艺术带来的美感。

设计意图：通过本环节的欣赏学习，巩固前面所学知识点，启发学生的创作思维，为下一步的尝试制作打下基础。

活动设计：学生欣赏 PPT 中的盆景艺术图片，快速说出不同的盆景类型；欣赏一组盆景图片，感受盆景的魅力。

问题设计：盆景的艺术魅力是什么？

（1）引导学生分析盆景图片，快速辨别盆景不同的类别形式。

师：同学们掌握得怎么样了呢？我们来一个考眼力的游戏，大家根据出示的图片，快速说出其属于哪种盆景艺术。（学生快速说出）

（2）进行形式多样的美术欣赏活动，以学生的直观感受与表达为主线，充实与完善对作品的认识与理解。

设计思路二：教师示范制作树木模型的过程，使学生了解制作方法与过程。

设计意图：学生通过观看教师示范，学习制作技巧与方法的同时，领会盆景的艺韵之美。

活动设计：学生观察，教师示范树木的制作过程。

师：（边讲解边示范）树干的塑造上，注意树干的造型要有特色（斜卧式、直立式等）；枝、花的塑造要注意疏密组合。

学生根据教师的制作，总结制作步骤的要领：

（1）整体构思上，提前找好一株和梅花树枝、树干造型相近的干树枝；

（2）用彩色橡皮泥或相近的材料捏制加工需要添加的树干、树枝，使其更加逼真；

（3）用彩色橡皮泥捏制出梅花、花托、花芽等，制作出大方逼真的梅花造型。

（五）创美达意

设计思路一：设置情境，展示活动方案，学生开始动手实践，在制作的同时教师注意引导学生感悟盆景艺术的意蕴和审美。

设计意图：以小组为单位，利用手中的材料捏制模型，锻炼学生动手能力的同时，增强团队凝聚力。

活动设计：七人为一小组，相互协作，运用橡皮泥等性质相近的材料，捏制出大方逼真的梅花树模型。

（1）小组合作制作一个大方逼真的梅花盆景，全班同学的"盆景"都"移植"到教室里。

（2）了解作业要求：学生将自己的作品摆放在课桌上。（教师事先在讲台上布置）

（3）注意事项：底纸和画面的颜色对比要强；山石小于底座，画面小于底纸。

设计思路二：师生评价制作的盆景，交流制作过程中的经验。

设计意图：让学生大胆说出自己的看法和作品想要表达的趣味。

活动设计：小组之间互评与自评，阐述制作体会，指出作品的优点及不足。

师：大家可以说一说自己制作时的想法和在制作过程中的感受。你认为造型大方逼真的有哪些？（学生评价，教师汇总）

（六）尚美提升

设计思路：播放一些艺术性较强的盆景的图片，学生观看后教师汇总。

设计意图：鼓励学生观察生活中的盆景，可以多看看花卉市场中的盆景，学以致用。

活动设计：学生观看PPT中的盆景视频，教师讲解汇总，结束本课。

问题设计：通过今天的课堂学习，你感受到了什么？

师：今天的课中你感受到了什么？（学生畅谈）大家谈得很好，今天我们用橡皮泥制作了自己喜欢的盆景，如果感兴趣的话，下课以后你还可以用橡皮泥制作出其他的树木盆景，甚至你还可以去买一个小花盆，再选你喜欢的花或者树栽种起来，有空的时候浇浇水、松松土，这样，你不就拥有了一盆属于你自己的小盆景了吗？我们不仅要有发现美的眼睛，更要有创造美的思想与能力。希望在以后的生活中，大家做一个有心人，用自己的双手去创作更多的作品，美化我们的生活。

板书设计

自然风光　浓缩案头——盆景设计与制作

1. 盆景：盆景是植物栽培技术和造型艺术相结合的一种形象思维艺术。

2. 盆景的种类：树木盆景、山水盆景。

3. 盆景的艺术特点：立体性、生命性、盆的规定性、风景的规定性、创作的连续性以及美感的可变性。

教学评价

学生通过本节课的学习，了解树木盆景的一般布局规律，利用橡皮泥等材料，设计、剪贴、制作盆景，掌握材料的特性和造型手法的运用，让学生通过盆景艺术感受自然山川美景的魅力，养成用艺术的眼光观察生活、美化生活的习惯。

本课教学内容适当，学生基本能掌握盆景的相关知识，但制作手法欠精细，不能很好地表现盆景的艺术性，需要多加练习。

教学设计 3　色彩的感染力

教材分析

本课在第一课学习的基础上，通过对古今中外大量不同风格绘画作品的欣赏、评述以及对作品色彩的研究与讨论，让学生对作品中色彩的表现形式有一定的认识，感受色彩的艺术魅力。

学情分析

七年级学生对色彩的知识已经有了一定的了解，也能够初步理解色彩在美术作品中的作用，但对绘画作品中写实色彩、装饰色彩和表现色彩三种表现形式的特点的理解还不够。所以，应结合大量不同色彩风格的作品引导学生进行对比欣赏，体会不同色彩表现形式的特点。

寻艺尚美

教学设计思路

课程中列举了中国古代、现代的多幅绘画作品，同时还有外国不同时期和不同流派的美术作品。教师通过引导学生鉴赏和分析这些作品，学习写实色彩、装饰色彩、表现色彩三种色彩表现形式的艺术特点，体会作品给人的视觉感受和心理感受，领会色彩这种艺术语言所特有的艺术魅力。

三维教学目标

知识与技能：了解色彩使人产生的心理联想，掌握色彩的三种不同表现形式，加深对色彩在美术作品中的感染力的理解，提高学生的艺术鉴赏能力。

过程与方法：通过对比欣赏、体验探究、小组讨论等学习方式，引导学生感受不同风格绘画作品中色彩所传达的情感，理解其内在含义。

情感、态度、价值观：激发学生对不同风格的艺术形式的学习兴趣，培养学生自主学习的能力和探索新知识的能力。能够尝试运用色彩恰当地表达自己的情感，增强学生对生活的热爱和表现。

教学重点：通过情境创设、作品欣赏，让学生感受色彩的感染力和表现力。

教学难点：（1）从色彩的角度分析和鉴赏美术作品。

（2）通过实践练习，让学生尝试运用色彩来表达自己的情感。

教具准备：小幅装饰画、画板、画架、水粉颜料、水粉笔、排刷、画框、多媒体课件等。

学具准备：水粉笔、水粉颜料、空白生活用品等。

教学实施过程

（一）艺美引导

设计思路：播放视频《自然色彩》，教师加以语言引导，通过有趣的游戏方式测试一下学生对色彩的敏感反应力。

设计意图：通过游戏，让学生在感受自然色彩的同时，激发学习兴趣，轻松进入课堂。

活动设计：学生对视频中出现的不同色彩做出相应的动作，看到红色美景时拍一下手，看到黄色美景拍一下桌子，看到蓝色美景静止不动。

问题设计：同学们，我们能不能对视频中不同的色彩做出相应的动作呢？

师：同学们，欢迎大家和我一起走进美术课堂。我们生活在一个色彩缤纷的世界里，色彩不仅能我们愉悦的视觉，更能触动我们的心灵。上课之前，我们一起来看一段视频，视频中出现了许多绚丽的色彩，在欣赏它们的同时，我们一起来做个小游戏，考一考大家的反应能力。当视频中出现红色美景时，请拍一下手；看到黄色美景时，请拍一下桌子；看到蓝色美景时，静止不动。我们来看哪一组同学反应最快。（学生根据色彩做动作）大家表现得很好，色彩在我们生活中有非常重要的作用，这节课我们就来感受一下色彩的魅力。（引出课题：色彩的感染力）

（二）阅美感悟

设计思路：联想色彩——播放关于春天的色彩动画，学生欣赏、感受色彩的魅力，并畅谈色彩联想和各种感受。

设计意图：通过动画让学生直观感受春天的绿色，由此引导学生产生各种色彩联想。

活动设计：通过视频动画让学生直观地感受春天的绿色。

问题设计：除了绿色，大家还能从其他的色彩中感受并联想到什么？

师：同学们，色彩装扮着我们的生活。接下来，我们一起看一组有关色彩的动画。（看完后请同学们谈一谈对色彩的联想和感受）色彩可以让我们联想到不同的景或物，特别是绿色，更是让我们感受到了春天的勃勃生机。除了绿色，大家还能从其他色彩中感受并联想到什么？（学生联想并回答）

（三）寻美探究

设计思路：感受色彩——学生在音乐的氛围中欣赏作品，并围绕问题进行小组讨论，由小组代表回答问题。学生欣赏《干草垛》并根据教师引导思考问题，感受《干草垛》中光与影的变化，并通过欣赏多幅作品，感悟色彩的魅力。配乐介绍《千里江山图》，感受山水画的色彩韵律。最后，通讨对比的方式讲解色彩的层层递进，易于学生理解。

设计意图：（1）在抒情的音乐中，带领学生走进作品，感受作品所蕴含的情感，通过问题引导学生理解写实色彩的真实性，体会写实作品中色彩表现出的情感。

（2）根据色彩对比明显的两幅作品，让学生很容易找出区别，比较容易理解装饰色彩。为学生营造一种抒情、浪漫的氛围，让学生理解这幅作品是用装饰色彩书写祖国的壮丽山河。

（3）创设情境，先让学生联想体会，再引出绘画作品，学生可能更易于接受和理解。

通过对作品背景和画家生平的介绍，让学生深入体会色彩在表现人的主观感情时强有力的作用。让学生配合肢体动作，回顾以上所学的三种绘画色彩。

1. 写实色彩

活动设计:(1)配乐欣赏美术作品《克里斯蒂娜的世界》,引出写实色彩的概念:通过写生的方式,对客观对象的真实色彩进行记录和描绘,色彩表现与客观对象十分相似,表现手法偏重具象再现与个性化的细节真实。

(2)赏析在不同时间段进行写生的作品《干草垛》,再现生活中真实的光影变化。

(3)赏析《静物》《松树林》。

问题设计:(1)作品描绘了怎样的场景?

(2)作品的主色调是什么?

(3)你能感受到作品中蕴含了什么样的情感吗?

(4)大家能看出来表现的是一个草垛吗?既然表现的是同一草垛,它们的不同之处是什么?你知道是什么原因吗?

师:色彩点亮了世界,也赋予艺术家创作灵感与激情。

师:作品《克里斯蒂娜的世界》是美国画家安德鲁·怀斯于1948年创作的一幅蛋彩画,描绘了一片空旷的长着枯黄色荒草的山坡,波涛起伏般的褐色原野升向苍白色的天空,地平线上,斜阳里矗立着的是一个饱经风雨的谷仓和一幢荒凉的房子。身患小儿麻痹症的少女克里斯蒂娜身着粉色衣裙,斜卧在荒无人迹、杂草丛生的凄冷环境里,她纤弱无助地匍匐在草地上,艰难而渴望地向高居在山坡上、耸立于地平线上的孤寂而又冷漠的木屋爬去。

作品采用大面积的暗淡的杂草固有色,女主人公身穿粉色的衣裙,这种温暖、柔和色调的运用使画面当中因疾病而扭曲的女主人公及其所处画面失衡的位置,那令人感到不安的凄凉和悲冷的情调一下变得明亮了起来。

师:我们现在看到的《干草垛》是19世纪法国著名的印象派代表画家莫奈的一组名作。他为了这一题材,在不同时间段进行写生,再现生活中真实的光影变化。对同一干草垛,画家分别对在不同季节的早、午、傍晚的阳光下物体所呈现出的不同色彩,进行了多达15次的描绘。在不同角度、不同构图、不同角度、不同季节、不同环境下,单调的干草堆在莫奈的笔下有了绚丽的色彩,平凡无奇的景象也成为艺术。下面,大家一起来欣赏一下莫奈的作品吧。(学生欣赏作品)

师:这种色彩的真实性不仅体现在光与影的变化中,也同样在其他地方感染着我们。

(接着欣赏两幅写实作品《静物》《松树林》,尝试用自己的语言分析作品)

2. 装饰色彩

活动设计：（1）赏析《中国农民画》，引出装饰色彩的概念：运用装饰手法进行色彩的表达，强调大幅度的概括、提炼，作品体现出浪漫抒情、唯美化的视觉格式。

（2）赏析《千里江山图》，播放视频，教师解说。

问题设计：同样都是表现树，《中国农民画》和《松树林》在色彩表现上有什么不同之处呢？

师：《松树林》表现的是生活中真实的形象，《中国农民画》却是现实生活中没有的，具有明显的地域特色，它对实物进行大红大紫的色彩夸张、美化，色彩更加鲜艳，把形象装饰得更漂亮。

装饰色彩不只在中国农民画里出现，在我国传统绘画中同样可以找到。下面我们就来认识一位山水画家，感受他用色彩带来的美感。

师：《千里江山图》是北宋王希孟创作的绢本设色画，现收藏于北京故宫博物院。该作品立足传统，画面细致入微，烟波浩渺的江河、层峦起伏的群山构成了一幅美妙的江南山水图，在设色和笔法上继承了隋唐以来的"青绿山水"画法，设色具有一定的装饰性，并做适当夸张。画家在较为单纯的蓝绿色调中寻求变化，虽然以青绿为主色调，但在施色时注重手法的变化，色彩或浑厚、或轻盈，间以赭色为衬，使画面层次分明，色如宝石之光彩照人。石青、石绿为矿物色且极具覆盖性，经层层罩染，物象凝重庄严，层次感强，与整幅画面浑然一体。

3. 表现色彩

活动设计：（1）色彩表现音乐，引出表现色彩的概念：画家不是描绘实际看见的色彩，而是根据自己的主观意愿来运用色彩，表达出自己的主观情感，因此，表现色彩又称"概念色"或"情感色"。

（2）赏析《哭泣的女人》，用语言分析画面中的色彩。

（3）赏析照片《乌鸦群飞的麦田》，引出凡·高作品《有乌鸦的麦田》。

（4）欣赏作品图片并回顾，总结三种表现形式的色彩。

问题设计：（1）这段音乐带给你什么色彩感受？如果让你来表现你会选择什么样的色彩？

（2）在《哭泣的女人》这幅画中，你看到了什么情绪？

（3）从麦田照片中，你感受到的主要是什么色彩？如果站在这片麦田中，你会是什么样的心情？

师：色彩展现的不只是山山水水，还可以组成跳跃的旋律。请同学们仔细聆听这段音乐，感受它所流淌出的色彩，如果让你来表现，你会选择什么样的色彩？（学生聆听音乐，回答问题）

师：其实，艺术源于生活而又高于生活，创作灵感也同样来源于生活、来源于自然，当你走进麦田，看到乌鸦群飞的场景，脑海中会出现什么样的画面？如果站在这片麦田中，你会是什么样的心情？现在就让我们欣赏作品《有乌鸦的麦田》的图片，尝试体会作者用色彩表达的心情，再一次感受绘画色彩带给我们的魅力。（出示作品《有乌鸦的麦田》的图片）

（四）赏美启智

设计思路：欣赏PPT中一组表现色彩的画面，学生感受、体会色彩的魅力。

设计意图：欣赏色彩作品，有利于让学生更好地体会色彩带来的感染力，提高对色彩的感受能力，为下一步作业提供创作灵感。

活动设计：学生观看抽象的表现色彩的画面。

（五）创美达意

设计思路一：用色彩表达情感，学生在小画框上自由创作、实践。

设计意图：简单的色彩实践有利于学生更好地体会色彩带给自己的感受。

活动设计：用色彩表达一种心情（喜、怒、哀、乐），一种味道（酸、甜、苦、辣），一首音乐（舒缓、激情），一种性格（沉稳、急躁）。

（学生尝试用色彩表达，教师巡回指导）

设计思路二：学生自己介绍画面所表达的内容，其他学生提出看法。

设计意图：采用自评、互评、师评多种评价形式，激发学生对色彩的兴趣，加深对色彩的理解。

活动设计：小组代表上台展示自己的作品，教师总结评价。

师：下面请小组代表上台来分享你们组的作品，看看哪一组的设计更有创意。（学生展示作业，教师与学生进行评价）

（六）尚美提升

设计思路：通过视频的形式，引导学生感悟色彩，珍惜自然。

设计意图：通过自然色彩引入主题绘画色彩，也希望通过对绘画色彩的学习和感受，再次回归自然色彩，让学生树立热爱自然、爱护环境的意识。

师：（视频播放自然环境中的色彩）这节课我们感受了绘画色彩的魅力，同时也感受到了自然带来的各种美感。但随着社会的高速发展，人类的个别不良行为使美丽的自然环境受到破坏。为了留住自然色彩，我们要爱护环境、爱护自然，让世界永远美丽。

板书设计

色彩的感染力

色彩的分类：

（1）写实色彩。

（2）装饰色彩。

（3）表现色彩。

教学评价

本节课以自然色彩导入新课，利用学生身边触手可及的美来引出绘画中的色彩，自然流畅。本课教学过程中，我通过多幅作品引导学生感悟对比色在绘画作品中强烈、活泼、跳跃的美感，选择了一些运用对比画的图案，这些作品可以帮助学生理解对比色在画面上的作用，有助于学生对课题的理解，启发学生创作构思。由于学生对如何用对比色表现动感缺少感性认识，我在教学中采用直观教学法，充分利用多种教学手段，引导学生观察、体验和感悟，通过问题和活动设计，使学生主动思考、获得知识。通过典型作品的引领和形式多样的活动，让学生直观感受三种绘画色彩形式，既轻松又有效。

教学中应该还要注意引导学生有意识地使所画内容有动感，在评价环节注重用优秀作品的展示来烘托氛围。

教学设计 4 构图的作用

教材分析

构图知识是最基础的美术知识点，本课教材选用古今中外的名画，作为学习构图基本形式、作用和原则的范例，课堂中通过引导学生进行欣赏感受、思考探究、交流评述等学习活动，重点让学生对构图的作用获得全新的感受和认识，了解构图的基本方法，领悟其重要作用，提高鉴赏能力和美术创作能力，激发学习兴趣以满足旺盛的求知欲和好奇心。

学情分析

八年级学生处于青春叛逆期，好奇心很强，对各类新知识接受能力比较强，通过本单元前阶段的学习已经掌握了有关造型的表现力和色彩的基础知识。"构图的作用"是学生平时不大关注的领域，但这是本节课的难点和要点。学生对构图的形式和作用的了解非常有限，主要停留在对画面形象的关注上，对构图的重要性和作用没有进行系统的学习和了解。针对这种状况，在课堂上除了让学生认识什么是构图之外，更重要的是通过赏评活动和探究评述活动引导学生学会分析构图形式、理解构图的作用，进而在今后的美术学习和生活中合理运用构图。针对学生在美术学习上的差异，在教学过程中要有层次性，对兴趣较淡薄、接受能力较弱的学生引导其学会分析作品构图形式；对兴趣浓厚、接受能力较强的学生要求其不仅要会分析构图形式，更要理解构图的作用，为今后运用奠定理论基础。

教学设计思路

本课以分析小组合影为开端，激发学生学习兴趣，并把注意力引向摄影图片的构图上，通过摄影作品的构图延伸到绘画作品的构图，了解构图的内涵；接着通过游戏、对比、创想等多种形式，引导学生或自主思考、或小组探究，分析不同构图形式在绘画中的重要作用。为了检验学生对于构图形式的理解情况，通过一个小游戏，让学生快速"对号入座"，根据作品选择对应构图形式，这也算是本节课的体验作业。结尾还是回归到摄影的构图，让学生欣赏学校毕业季的小视频，结合所学构图知识，让学生在比较轻松的氛围中，再次感受构图的魅力。

课件设计流程

本节课课件注重"美"的呈现，采用菜单交互式，将图片、文字、视频、音乐完美融合，结合场景布置，再配以精美图片，带领学生体会构图的魅力。在课件中增加设置能够更好地辅助学生理解构图的具体形式；巩固环节设置图片快闪的小游戏，让学生"对号入座"；最后，播放视频，升华本节课内容。

三维教学目标

知识与技能：了解美术作品中构图的基本形式，感受构图的形式美，领悟构图在不同类型、不同风格美术作品中所起到的组织画面、辅助主题表达的重要作用。

过程与方法：学生通过欣赏感受、思考探究、交流评述等学习活动，分析、鉴赏古今中外美术作品的构图形式，了解构图的基本方法，领悟其重要作用，提高鉴赏能力和美术创作能力，逐步提高美术素养。

情感、态度、价值观：在学习过程中激发学生对美术学习的兴趣，让学生充分感受不同形式的美术作品带来的美感，形成健康的审美情趣和审美意识。

教学重点：作品构图形式的分析；对绘画作品中形式美的规律的认识与运用。

教学难点：引导学生分析美术作品的构图形式及创作意图。

教具准备：绘画图册、黄金分割线画框、绘画板、多媒体课件。

学具准备：彩笔、双面胶。

教学实施过程

（一）艺美引导

设计思路：课前现场拍摄学生照片，激发学生兴趣，导入本课。

设计意图：抓住学生兴趣点，以简洁直观的方式，带领学生进入本课的学习。

活动设计：课件展示学生小组的合影，引导学生分析不同构图形式带给人的不同的感受。

问题设计：照片不同的构图形式带给我们的感受一样吗？

师：刚才老师为几个小组拍了"全家福"，播放给大家看看，你们对哪一张比较感兴趣呢？谈谈理由。（生发言，师引入）有的同学说这张照片略显单调，那张照片富有韵律感……大家知道是什么带给了我们不同的感受吗？对！是同学们拍照时所站位置的不同带给我们不一样的效果，除了摄影作品外，在绘画中我们也要考虑如何把你需要画的东西安排在画面上才能达到最好的效果。这样的安排我们称之为构图。本节课我们一起来探究构图的作用。（引出课题：构图的作用）

（二）阅美感悟

设计思路：本环节通过导入和进一步的作品分析，引导学生自学构图的定义，让学生根据现场参与的小游戏，初次感受构图的魅力。

设计意图：通过小游戏，学生参与绘画的情境，增加主人公意识，便于下面更深入地了解构图的作用。

1. 了解构图的概念

活动设计：学生看书和作品图册，了解构图的概念。

问题设计：什么是构图？

师：构图一般指美术创作时在平面的物质空间上，安排和处理形象的位置和关系，把个别或局部的形象组成整体的艺术作品，以表现构思中预想的形象与审美效果，在我国传统绘画中称为章法或布局。

2. 作品初赏析

活动设计：分享《狼牙山五壮士》的故事，用词语概括、体现其革命精神，让学生感受画面传递出的民族精神，激发学生的爱国之情。

问题设计：画面中哪些地方能体现出五壮士宁死不屈的革命精神？

师：今天老师为大家带来一幅作品：《狼牙山五壮士》。相信这幅作品大家并不陌生，应该都知道作品背后的故事，哪位同学来给大家讲一讲？（学生分享故事）

现在每个小组用一个词语来概括一下故事体现的革命精神，尽量不要重复。（英勇无畏、视死如归、临危不惧、宁死不屈）作者用艺术手法再现了五壮士的英雄形象，以五壮士屹立在山巅之上、与远处的山峰形成对比的丰碑式的三角形构图形成了雕塑作品的稳定感，展现了他们视死如归的精神。作品将英雄们坚毅威严、气壮山河的伟大气概烘托得淋漓尽致，犹如矗立于天地间的一座英雄纪念碑。

3.初识构图形式

活动设计：学生代表上台，根据狼牙山五壮士的故事场景，按其他构图自由组合站位，其他同学分析构图改变后画面的变化。

问题设计：他们的站位发生了什么变化？与原作比较，哪个更适合表现五壮士的革命精神呢？

师：除了三角形构图外，我们还能用什么方式把壮士们这种英勇无畏的精神表现出来呢？（小组讨论：歌声、诗歌……）

师：有小组想来演绎一下这幅作品所体现出的革命精神，我们一起看看他们的表演。（学生表演，配音乐）他们的站位发生了什么变化？与我们的原作比较，哪个更适合表现五壮士的革命精神呢？（学生分析并回答）

师：他们的表演威武雄壮，表情严峻果敢，但是由于构图发生了变化，使得画面原本犹如矗立于天地间的一座英雄纪念碑的感觉被打破了。这就不难看出，构图直接影响着我们画面的主题，好的构图使形象获得突出而完美的艺术效果，使作品更富有表现力和感染力。

（三）寻美探究

设计思路：展示各种构图形式的代表作品，通过不同的方法，引导学生分析各种构图形式，并通过讨论探究不同构图带来的形式美感。

设计意图：让学生通过丰富的活动，深入了解几种典型的构图形式，便于以后绘画创作中的实际应用。

1.圆形构图

活动设计：多媒体课件呈现作品《舞蹈》，引导学生分析。

问题设计：这幅作品圆形的构图形式带给我们什么感受呢？

师：刚才我们提到了圆形构图，我们课本上还有一幅名作《舞蹈》，这幅作品圆形的构图形式带给我们什么感受呢？（引导学生分析法国画家马蒂斯的油画《舞蹈》）它用圆形构图来安排作品中的人物形象，使画面看上去更加活泼和富有动感。

2. 垂直构图

活动设计：多媒体课件呈现画家韦尔申的现代油画《吉祥蒙古》，引导学生与《舞蹈》对比分析。

问题设计：我们可以运用哪种大形或者大线的构图形式来表现这种平静的感觉呢？

师：圆形构图的作品让我们感受到活泼和动感，与活泼相对的是什么感觉呢？我们可以运用哪种大形或者大线的构图形式来表现这种感觉呢？（学生回答）

画家采用垂直构图的形式，将画面中的人物形象分割开来，表现出一种宁静、平和而自然的气息。而垂直线让人想到参天大树、高耸的柱子，给人以严肃、庄重、寂静的感觉。

3. 水平线构图

活动设计：画架上呈现《阳关三叠》的放大作品，引导学生赏析；让学生对画面进行补充。

问题设计：请同学上来把画面上的其他人物补充完整，并说一说你为什么这样安排呢？

师：老师还给大家带来另外一幅相似感觉的作品，它带给你什么感觉？（展示画架上的写真画面《阳关三叠》）除了安详、平静，是不是还多了一丝寂寞感？这幅作品《阳关三叠》表现的是破晓时分，在天寒地冻的北方大地上，一群疲惫不堪的农民工整夜露宿于候车场，有的人还怀抱婴儿，他们背井离乡去寻找新的生活。此情此景暗示着他们进城后，可能将面临更多的困难。

师：其实，在寂静、沉睡的人群中，还有几个早早醒来的农民工，请一名同学尝试来给他们安排一下位置。（学生上前安排人物位置）你为什么这样安排呢？（学生回答）

师：刚才同学的补充与画家的想法不谋而合。这几个垂直的形象打破了画面原来的平静，让原本非常沉寂的画面有了一丝的生机和活力，也预示着农民工们对生活的美好期望。

看来，不管是垂直还是水平的形象，都可以让我们享受画面的安宁、祥和。生活中也不乏这样的场景，"大漠孤烟直，长河落日圆"不正是这样的写照吗？（教师总结，水平线使人联想到广袤的天地，有静穆、安宁、开阔之感）

4. 井字形构图

活动设计：多媒体上呈现现代画家潘天寿的中国画《露气》，引导学生赏析。

问题设计：刚才是不是有细心的同学发现，同学贴的《阳关三叠》跟画家安排的位置还是有所不同？你们感觉哪个更舒服、更美观呢？

师：因为画家将突出的几个人安排在了画面的最佳比例分割线处。这个比例就是黄金分割率：黄金分割在绘画中是将画框边线视为整体，将整体一分为二，长段为全段的 0.618。按照这个黄金比，找到分割点进行画面分割，可以把画面分成 9 块。中心块上的 4 个点就是我们的黄金分割点了。我们可以把主体安排在其中的任意一点或两点。

利用黄金分割线组合成的这种构图，就是"井"字形构图。我们课本上就有一幅巧妙运用黄金分割的典型作品:《露气》。完美的分割法让这幅作品有了清爽、舒适的形式美感。

5. S 形构图

活动设计：多媒体上呈现现代画家李焕民的版画《初踏黄金路》，引导学生对比赏析不同构图带来的不同效果。

问题设计：你认为哪一种构图形式更适合《初踏黄金路》这幅作品？

师：刚才我们一起欣赏了一些规整线条或形状的构图，让我们感受到了画面的坚定、稳重、平静。那么富于变化的线条又会带给我们什么感觉呢？哪位同学能在课本上找到它？（学生回答）老师把它的构图形式改成了我们之前接触的直线。我们对比讨论一下，你认为哪一种构图形式更适合这幅作品？（学生讨论得出结论："S"形构图使画面结构丰满，具有一种独特的节奏美、韵律美）

（教师小结）通过上面几幅作品的分析，我们不难发现，绘画的构图应符合造型中的均衡、和谐等形式美法则，这样更能增强作品的艺术魅力，这同时也是构图的第二个原则：追求形式美。

（四）赏美启智

设计思路：以小游戏加强学生对五种构图形式的认知记忆，并在优美的音乐中欣赏一组代表性作品，使学生进一步感受构图的形式之美。

设计意图：赏析优秀美术作品，强化学生的构图分析意识。

活动设计：播放图片，考眼力，让学生快速分辨图片属于哪种构图形式并欣赏一组经典作品，引导学生加强对构图形式美的认知。

问题设计：构图形式的重要问题是什么？

师：通过我们的共同探究，这六种构图形式我们是不是很熟悉了呢？下面来做个游戏考考大家。

（小游戏：将班级分六组，分别代表六种构图形式。播放作品，判断构图形式，学生看到自己代表的构图形式就快速举牌。举完的牌子贴在黑板上）

师：通过刚才你们的表现，看得出，这节课我们真的是学有所获，大家对这六种构图形式及其特点掌握得很熟练了。为大家的用心点赞！

（五）尚美提升

设计思路：欣赏毕业季视频以及人物和风景摄影作品，体会不同构图的形式美感。

设计意图：头尾呼应，回归到摄影中的构图，让学生带着一节课的收获再去用心体会生活中的构图美，真正学以致用。

活动设计：学生观看毕业季视频，说出视频中照片的构图形式。

问题设计：视频中的构图形式美怎样更好地体现？

师：其实构图在绘画中是最基础的视觉审美元素。好的构图能体现绘画、摄影等艺术实践的主题。开始时我们展示了咱们班同学朝气蓬勃的精神面貌，通过合影和我们本课的学习，了解了构图的作用，感受了作品中或欢快、或沉寂的各种情感。青春非常宝贵。现在，老师想让大家跟我一起欣赏一段毕业季小视频，让我们在动感的旋律、美好的青春中，再一次感受构图的魅力。（欣赏视频）

通过本节课，希望同学们能够学有所获、学有所用，运用构图的知识，捕捉生活中的美景，创作出更有艺术感的画面。青春不散场，我们的友谊也将永存，这节课就上到这儿。谢谢大家！

板书设计
构图的作用

1. 构图的概念：一般指美术创作时在平面的物质空间上，安排和处理形象的位置和关系，把个别或局部的形象组成整体的艺术作品，以表现构思中预想的形象与审美效果，在我国传统绘画中称为章法或布局。

2. 构图的形式：圆形构图、垂直构图、水平线构图、"井"字形构图、"S"形构图。

3. 构图形式美法则：均衡、和谐等。

教学评价

本课根据教材内容与学生特点，选取构图形式具有代表性的经典作品，采用学生自主探究、师生互动、游戏等教学法，提高学生的学习兴趣与热情，课堂教学内容适当，教学设计流畅，教学方法贴近学生生活实际。因时间关系，教学中有关构图的形式美法讲解得不够透彻，对学生的作品的赏析还需要加强。下一步尝试提前布置任务，更多的内容让学生小组合作完成。

教学设计 5　抒发情感　表达理念

教材分析

本课通过对古今中外各类代表性美术作品的介绍和解析，力求使学生认识到优秀的美术作品需要借助特定的艺术语言和形式结构来塑造视觉艺术形象，它们大都以独特的表达方式传达内在的深层意蕴和理念。美术家运用一定的物资材料和艺术表现手段创造的视觉形象，不仅是一种外在的表现形式，还会蕴含着某种情感。

学情分析

七年级学生有一定的审美基础，学生是课堂的主体。该年龄段的学生思维处于快熟发展时期，针对这一特点，课堂中应逐步引导他们来欣赏和评述作品。教学过程中要关注学生的感受，让他们了解作品内在的情感。

教学设计思路

运用初中美术课堂 24 字美术教学模式，以情感为主线，从母爱到父爱再到热爱祖国、热爱生活，情感进行升华。通过对不同类型的美术作品的欣赏，引导学生感受并描述作品借助特定的物质材料和艺术语言所创造的艺术形象的具体特征，从而体会艺术形象所蕴含的生命活力，再联系其历史背景来分析、认识作品所表现的时代精神和思想情感。

课件设计流程

本课以绘画日记导入新课，激发学生的学习兴趣，从课本上的关于母爱的作品《亲吻婴儿》《面包》到关于父爱的作品《浪子回头》，与后面表达团结奋进的作品《在激流中前进》形成一条情感主线，观画则情显于画，说画则情满于画，品画则情隐于画，读画则情溢于画，赏画则情浓于画。

三维教学目标

知识与技能：了解古今中外美术作品的深层意蕴。理解作品中多元文化艺术理念的表达。

过程与方法：通过自主欣赏，感悟美术作品的情感，引导学生了解美术创作是某种情感和理念的表达。

情感、态度、价值观：通过欣赏和感悟美术作品的情感和理念，体会美术作品深层的意蕴。在感悟、理解作品的同时，由亲情到祖国情再上升到热爱生活、热爱自然的情感，及时对学生进行德育与爱国主义教育。

教学重点：通过对古今中外各类代表性美术作品的介绍和解析，引导学生选择性地感受和体会艺术形象所蕴含的内在生机与生命活力。

教学难点：能够联系历史背景，分析、认识、感受作品所表现的时代精神和思想感情。

教具准备：图文日记、生活中的材料、展示板、课件、课本。

学具准备：生活中的材料、双面胶、胶水、剪刀。

教学实施过程

（一）艺美引导

设计思路：将教师自己的图文日记展示给学生，营造亲情氛围。

设计意图：通过欣赏教师平时所画的图文日记导入新课，激发学生的学习兴趣，活跃课堂氛围。

活动设计：展示教师画的图文日记。

问题设计：请同学们找一找课本上哪些是表达母爱的作品？

师：2014 年 1 月，我成为一位母亲，家里多了一个活泼可爱的小精灵，他带给了我许多欢声和笑语，他哭、他笑、他闹，他就是我的全世界，每天我都会为他画一幅图文日记。在这 783 个日日夜夜里我为他绘了两本图文日记，画面中记录他的成长，承载满满的母爱。在人类的情感中，母爱是最伟大的，古今中外也有许多表达母爱、抒发情感的美术作品，今天老师就带领大家来欣赏这些作品。（引出课题：抒发情感 表达理念）

（二）阅美感悟

设计思路一：师生共同欣赏和感知关于母爱的作品，同时，让学生了解毕加索早期、晚期绘画的不同之处。

设计意图：通过欣赏、对比不同风格的关于母爱的作品，让学生感受不同形式的艺术作品对于表达情感所起的作用。

活动设计：对比欣赏毕加索早期和晚期的作品有何不同之处。

问题设计：《母爱》《亲吻婴儿》是毕加索早期和晚期的作品，大家观察一下，二者有何不同之处，从哪些方面可以感受到温馨？

师：《母爱》《亲吻婴儿》分别是毕加索早期和晚期的作品，大家观察一下，同样是表现母子亲情的作品，它们在造型和色彩上有何不同之处？（学生讨论后回答）毕加索早期的作品以写实为主，绘画后期开创了一种把物象打碎重组的新的表现方法，我们称之为立体主义表现手法。

设计思路二：欣赏《亲吻婴儿》和《面包》，让学生感受不同的作品形式所传达出的不同的情感。

设计意图：让学生对比、感受两幅作品，体会作品的情感表达和艺术魅力。

活动设计：对比、观察《亲吻婴儿》和《面包》，引导学生分析画面。

师：《面包》的作者珂勒惠支是德国最杰出的现代女版画家之一。在一生的创作活动中，她始终以特有的激情，努力表现劳苦大众所受的苦难和他们的英勇斗争。这一幅石版画《面包》，深刻地描绘了第一次世界大战后德国人民挣扎在饥饿线上的苦难情景。珂勒惠支很善于描绘一般人难以觉察的微妙感情，这一点在《面包》这幅版画中体现得十分强烈。饥饿的孩子急切地拉着妈妈要食物吃，他们苦苦哀求的眼神实在令人心酸。母亲不忍心看孩子痛苦的神情，只得背过脸去，以掩饰内心难以抑制的悲痛。这样的艺术处理，蕴涵着无尽的情感与意味。简练的线条把母子三人的形象紧紧连在一起，画家只用了寥寥数笔，就把这一苦难的场景淋漓尽致地显现在画面上。

（三）寻美探究

设计思路：欣赏、讨论并分析画面，让学生从更高的层次分析作品所要传达的理念，上升到国家和整个民族的高度：只有逆流而上、团结一致、奋勇拼搏，才能取得胜利。作品体现了在团结中奋勇向前的中国和整个中华民族奋斗不息的精神。

设计意图：让学生通过聆听想象画面，发挥学生的想象力，提高学生的感知能力，让学生上台亲自体验，增强感受，从而引发学生与作品的共鸣，更好地感知画面。

活动设计：聆听《黄河船夫曲》，让学生联想画面，再让学生上台想象体验激流中船夫的感受，最后引导学生分析作品《在激流中前进》。

问题设计：（1）从音乐中可想象出怎样的一幅画面？

（2）《在激流中前进》中的船只在激流中奋勇前行，那是一种什么感觉？

师：《在激流中前进》的作者杜键以简练概括的艺术语言、雄健有力的笔触、沉着凝厚的色调，表现了船工们齐心协力搏击于黄河浊浪之中的惊险场景。画家没有从正面表现人与激流搏斗的表情，而是通过飞旋激荡的河水与沉着稳健的人物的对比，一只黄河渡船与大面积的汹涌奔腾的浓浆浊浪的对比以及对水势的夸张表现，来反衬黄河船工在劳动中所表现出的惊人力量和百折不挠的奋斗精神。

这是一幅感染力很强的作品。翻腾着层层巨浪、急驰而下的河水和一只倾斜的木船，使整个画面产生出强烈的动感。右下角一个大大的旋涡打破了自上而下的直线，活跃了画面，更加渲染了惊险的气氛。那站在船头的青年水手，随时准备着对付迎面而来的一切险关，他和站在船后经历过无数风险的老艄公，共同以警惕的目光沉着地注视着前方。《在激流中前进》是一首"力"的颂歌，是坚强与勇敢的颂歌，是同心协力、团结一致的颂歌。它寓意在生活的激流中，只有稳掌舵、紧划桨、奋勇前进才能够取得最后的胜利。这正是作品所要传达给我们的寓意。通过刚才的想象体验，相信同学们对这幅作品的认识更深刻，小组之间讨论分析一下：如果从更高的层次分析作品，其所要传达的理念是什么？上升到国家和整个民族的层面呢？（学生讨论并回答）

师：只有逆流而上、团结一致、奋勇拼搏，才能取得胜利，作品体现了在团结中奋勇向前的中国和整个民族奋斗不息的精神。

（四）赏美启智

设计思路：了解波普艺术、地景艺术、装置艺术等艺术流派的风格特点。

设计意图：通过欣赏让学生理解作品中蕴涵的艺术家对大自然的热爱和眷恋。

活动设计：

展示作品《星月夜》《包裹海滩》《析世鉴——天书》。

师：现代艺术形式更加多样化，有流行一时的波普艺术，有富有精神文化内涵的装置艺术，有想包裹整个地球的艺术……另外，还有一些艺术家，他们想打破艺术与生活的界限，让大多数人在现实生活中感受到艺术，把大自然略加修饰，以一种独特的艺术方式抒发某种情感，表达某种理念。（观看 PPT，教师讲解）

（五）创美达意

设计思路：实践操作，尝试感受艺术作品的情感和理念表达。

设计意图：通过体验尝试，让学生感受世界艺术的多元化和艺术情感理念的表达。

活动设计：请学生尝试用某种方式改变桌子上的自然风景图片，让它也成为一种景观。

师：其实，我们刚才欣赏的这些作品都来源于对大自然的认识和感悟，作品中蕴涵了艺术家对自然的热爱和眷恋。大家尝试一下用某种方式改变一下你桌子上的自然风景图片，让它也成为一种景观。（学生创作，教师巡回指导）

（六）尚美提升

设计思路：观看视频，感受现代艺术作品中情感的抒发。

设计意图：让学生感受多元艺术的发展，音乐、美术都可以抒发情感、表达理念。

活动设计：欣赏 G20 峰会视频。

师：（学生展示作品，师生进行评价，教师汇总）同学们的作品异彩纷呈，这些作品都是每个小组智慧的结晶，相信大家以后的作品会更精彩。绘画可以抒发情感，音乐也可以表达理念，让我们在音乐中欣赏祖国的大好河山。

我们听到的这首歌曲是杭州 G20 峰会演出现场的一首歌曲，歌唱祖国表达的不只是对祖国的浓浓爱意，更是共享共治共生、让世界更美好的创新理念。抒发情感、表达理念一直是艺术作品中不变的主题，大家可以用手中五彩的画笔描绘祖国的大好河山，描绘我们美好的明天！好，谢谢大家，下课！

板书设计

抒发情感　表达理念

1. 观画：《亲吻婴儿》《面包》。
2. 品画：《在激流中前进》。
3. 读画：《星月夜》。
4. 赏画：《包裹海滩》《析世鉴——天书》。

教学评价

本节课重在让学生欣赏一些优秀的美术作品，让学生在广泛的文化情境中，了解美术作品抒发的情感和表达的理念，让学生学会感受作品深层次的意蕴。教学环节以情感为主线，贯穿整堂课，最后拓展到多元化的世界艺术，开阔了学生的视野，丰富了学生的认知，让学生以多元化的艺术为参考，进行大地艺术的创作，学生很感兴趣，作品也很精彩，最后通过欣赏 G20 杭州峰会视频使情感得到升华。

教学设计 6　抒情怡神的花鸟画

教材分析

本课设计了搜集与欣赏、感受与体验、尝试与拓展三个学习活动，设定为 1 课时。本课的知识点很多，内容量较大。在进入技法学习以前，首先是对花鸟画作品的欣赏，让学生对花鸟画有大致了解，包括工笔、写意、兼工带写等不同表现手法。写意又包括大写意和小写意。欣赏中除介绍花鸟画不同的表现技法外，应着重引导学生体会：花鸟画家不仅仅摹写自然界的花鸟草虫，而且"托物寄情"，以花鸟为媒介传达自己的某种思想感情。

学情分析

八年级学生已经具备一定的美术鉴赏能力，对欣赏作品兴趣较浓。学生对中国画及工具较好奇，然而美术素养还不高，对艺术理论的积累和学习较少，缺乏对专业语言的表达和能力的训练。许多学生对中国画的了解较浅显，而抒情怡神的花鸟画牵扯的知识点又较多，所以，教师的引领很重要。这就要求教师能从学生固有的知识体系出发，调动学生的探究兴趣，通过视频、图片等媒体素材生动形象地展现中国花鸟画知识，变生涩为通俗，由浅入深，步步引领，让学生感受中国花鸟画艺术独特的魅力，在欣赏领悟的同时，提高自身的文化艺术修养，培养学生对祖国传统艺术的兴趣和热情，增强传承民族艺术文化的自觉性和责任心。

教学设计思路

本课创设以"美"为主线的文化情境，通过生活中的实物与图片，引导学生了解花鸟画的历史与概念；以宋代花鸟画为主线，了解中国花鸟画的种类与文化内涵；以师生互动的方式，了解花鸟画的形式美、技法美、寓意美；并在欣赏经典花鸟画的基础上来尝试创意怎样寄托自己的思想情感，从而达到开阔学生的审美视野，提升学生审美品位的教育教学目的。

课件设计流程

本节课课件注重"美"的呈现，将图片、文字、视频、音乐完美融合，结合生活实物，以精美图片，带领学生认识中国花鸟画之美，了解花鸟画的概念。运用对比的方法赏析花鸟画；深入阶段重点，以精美图片和视频探究花鸟画借物抒情、托物言志的精神内涵，让学生进一步感受中国花鸟画作品的精髓。最后用视频欣赏结束本课。

三维教学目标

知识与技能：通过欣赏、讨论，了解中国画丰富的题材以及鲜明的艺术特点；了解中国花鸟画的题材和技法及情感表达，感受中国花鸟画的艺术魅力。

过程与方法：通过课前资料的搜集整理、课堂上的欣赏讨论，提高学生自主探究、归纳总结、交流表述的能力；通过分析作品，体会花鸟画作品的精神内涵，提高艺术欣赏能力。

情感、态度、价值观：通过艺术实践，提高人文素养，增强保护传统文化的观念和责任心、使命感。

教学重点：了解和掌握花鸟画的题材和技法。

教学难点：分析作品，体会花鸟画的精神内涵。

教具准备：教师花鸟画范作（卷轴）1~3幅，植物花卉、鱼虾昆虫、花卉蔬果等摄影图片，古今花鸟画经典作品图片、纸张、颜料、画笔、多媒体课件。

学具准备：花卉图片，通过网络、图书馆等搜集的有关花鸟画的图文资料。

教学实施过程

（一）艺美引导

设计思路：出示花鸟画的动画，轻松自然地导入课题。

设计意图：由动画片开篇，活跃课堂气氛，激发学生学习、探究的热情。

活动设计：观看根据宋代花鸟画风格拍摄的动画片《美丽的森林》。

问题设计：从视频中初步了解了宋代花鸟画，你对其有什么印象？

（学生观看视频并回答）

教师：花和鸟是美的象征，人们常用"鸟语花香"来形容景色的怡人。现在我们可以通过视频和拍照的方式记录美景，在古时候人们一样可以通过画笔将花鸟鱼虫的美展现出来。（屏幕呈现花、鸟的实物照片和花鸟画对比，导出课题）

（二）阅美感悟

设计思路：初阅花鸟画之美——学生观赏宋代花鸟画与生活中的花卉蔬果等摄影图片，探寻发现宋代花鸟画在造型、色彩、线条上的美丽之处，了解花鸟画的概念与题材。

设计意图：问题引路，让学生带着问题去欣赏作品，效果事半功倍。关于花鸟画的题材，七年级的学生有一定的知识储备，因此，教师在此阶段的作用主要是引领学生了解。

活动设计：学生看书、图与实物（花鸟画作品），了解花鸟画的概念与历史。

问题设计：（1）花鸟画的表现题材有哪些？

（2）花鸟画的技法种类有哪些？

（3）花鸟画表现出怎样的精神内涵？

师：说到花鸟画，我们不得不提到宋朝，因为宋代是花鸟画的成熟和鼎盛时期。宋徽宗大力提倡绘画，所以这一时期人才辈出，宋人对于物理、物情、物态观察得都极为细微。张大千先生曾经说过，花鸟以宋朝为最好。下面，我们就一起来看看张大千先生极力赞赏的宋代花鸟画到底有多细致传神，从中领悟中国花鸟画的相关知识及花鸟画的题材、技法特点、精神内涵。（通过一起欣赏美术作品，交流回答）

（三）寻美探究

1. 感官之美

设计思路：欣赏宋代花鸟画作品，让学生感受中国花鸟画的视觉之美。

设计意图：赏析宋代花鸟画作品，启发学生的审美思维。

活动设计：欣赏宋代花鸟画作品。

问题设计：花鸟画的表现形式有哪些？你对其有什么感受？

（学生感受作品《果蔬来禽图》，教师讲解）

师：寂静的山林木叶泛黄，沉甸甸的果实早已熟透却无人采摘，一只小鸟蓦然飞上枝头，打破了空间的宁静。忽而，它转颈回眸，展翅欲飞，在这收获的季节里，它是否被画面外更诱人的景色所吸引了呢？

（赏析《枇杷山鸟图页》）

师：江南五月，成熟的枇杷果在夏日的光照下分外诱人。一只绣眼鸟翘尾引颈，栖于枇杷枝上正欲啄食果实，却发现其上有一只蚂蚁，便定睛端详，神情十分生动有趣。

师：从绘画内容上初步了解了宋代花鸟画，你对其有什么印象？

（生：美轮美奂、逼真、安逸、静谧……）

（教师总结）观宋画的方式为"远望其势，近观其质"，看宋代花鸟画如同天然场景置于室内，虽坐于桌前，却与户外一草一木、一禽一鸟共呼吸。观宋画，宁静肃穆，没有一点早燥气，想来宋人作画时必定是心平气和、胸有成竹，所以我们静以观之也是舒意畅神。

（教师引导）欣赏了这么多精致的花鸟画，大家有没有什么疑问呢？（导入下一环节）

2. 中国花鸟画的技法之美

设计思路：教师设计了走进发现之旅的游戏，从工具材料入手，以中国画常用的宣纸为例，让学生以小组为单位，分别在两张纸上涂抹水墨。学生认真观察发现水在纸上的变化，了解纸的不同性能，通过视频欣赏，引出工笔和写意两种技法。

设计意图：花鸟画的技法特点是本课的重点之一，技法又是花鸟画的主要表现形式，为了突破这一重点，运用对比法，欣赏同一题材内容的不同画法，以小组讨论的方式，集思广益，探究结论，了解并掌握花鸟画的三种技法。

以游戏和视频的形式，增强学生的兴趣，让其动手实践观察，发现变化，了解纸的不同性能。

活动设计：展示两段同以牡丹为题材的绘画视频，一段是工笔牡丹的视频，另一段是写意牡丹的视频，让学生进行对比。

问题设计：（1）工笔牡丹绘画经历了几个步骤？

（2）画家在画写意牡丹的花瓣时，笔尖、笔肚、笔根上的颜色相同吗？这样做的目的是什么？

（了解工笔和写意两种不同的画法）

出示两幅作品，让学生快速分辨出工笔和写意。引导学生以小组讨论的方式总结工笔画和写意画不同的技法特点。学生在小组讨论的基础上，集体交流。师生共同总结出工笔写意的技法特点。

工笔：以精谨细腻的笔法刻画事物，工细逼真，呼之欲出。注重形似，重写实。

写意：用简练概括的笔法描绘事物，纵笔挥洒，墨彩飞扬。注重神似，讲求意境。

写意也有大、小写意之分，各自有不同特点。

课件展示中国画作品《枫叶寒蝉》，让学生辨认此作品运用了什么画法，引导学生分析作品，了解属于第三种画法的兼工带写，即在写意的基础上用工笔的形式描绘部分细节，形成豪放与细致的对比。（板书：花鸟画的技法——工笔、写意、兼工带写）

师：中国花鸟画之所以能够经久不衰，除了上述的感官美、技法美以外，还有最重要的一点是什么？（学生回答：寓意）

3. 中国花鸟画的寓意之美

设计思路：通过了解画家的人生经历、性格特点，结合作品，分析画家借助抒情，表达了怎样的情怀。

设计意图：深入阶段重点探究花鸟画借物抒情、托物言志的精神内涵，让学生进一步感受中国花鸟画作品的精髓。

活动设计：学生通过欣赏作品，集体交流教师设置的问题。学生在教师的引导下思考并总结交流，师生共同探讨画家借物抒情的倾向和独特的艺术个性。

问题设计：中国花鸟画题材中的"四君子"是谁？为什么被称为"四君子"？它们为什么能博得文人墨客的喜爱呢？代表美好寓意的事物还有哪些？

师："四君子"虽然只是植物，但各自秉性却别具君子之风（师生共同了解"四

君子"梅、兰、竹、菊各自的品格）

师：中国画坛上有一位画竹子的高手——郑板桥，大家对他的人生经历和生活的社会背景了解吗？一起欣赏一下郑板桥的《竹石图》。画面上有什么？它们的形态如何？左上角的题诗表达了什么情怀？让我们一起有感情地朗诵一下。（学生赏析）

师：通过了解郑板桥的人生经历、性格特点，结合作品，分析郑板桥表达了怎样的情怀。

师：画家不仅可以借助植物来抒情言志，也可以借助动物来表达内心的思想。我们请出另一位古代的花鸟画大师——朱耷，了解他的生活经历。我们看一下他的《孤禽图》，小组讨论一下这幅画面的表现内容是什么？作者借助作品想表达什么样的思想感情？（小组讨论）画的落款也很有意思，"八大山人"是他常用的号，四个字连起来写，大家看像什么？……哭笑不得的痛苦心情。（同学交流：反映出孤愤的心情和坚毅的个性）

师：八大山人的这种阶级立场和政治态度，很大程度上决定了他的花鸟画具有强烈的借物抒情的倾向和独特的艺术个性。

师：中国花鸟画不仅以其丰富的技法在世界各民族同类题材的绘画中独树一帜，更吸引我们的是花鸟画借物抒情、托物言志的精神内涵。花鸟画家并不是简单地停留于对自然界花鸟草虫的形象摹写，而是以花鸟为媒介传达自己的思想感情。

4. 赏美启智

设计思路：深入阶段重点探究化鸟画借物抒情、托物言志的精神内涵，让学生进一步感受中国花鸟画作品的精髓。

设计意图：赏析宋代花鸟画作品，感受其精髓。

活动设计：播放图片欣赏齐白石、吴昌硕等大师的作品。

问题设计：花鸟画的表现题材有哪些？技法种类有哪些？表现了怎样的精神内涵？

师：中国花鸟画经过数千年的发展，积累了丰富的创作经验，形成了自立于世界民族之林的独特传统，终于在近现代产生了齐白石、吴昌硕等花鸟画大师。《玉兰黄鹂》歌颂了浓浓的春意；《三千年结实之桃》是对生生不息的自然力量的由衷礼赞；《祖国万岁》则以果实累累的万年青作为象征物，表达了白石老人的爱国之心。

（总结）不难看出，花鸟画除了祝福寓意外，也反映了中国人的生活情趣，满足了寻常百姓对于美好生活的向往和追求。

看到这里，我的文人情怀也被激发出来：我想画一株朝气蓬勃的向日葵。

我要把它送给我的至亲，感谢他们如太阳般给我温暖，永远对我敞开怀抱。

我要把它送给我的朋友，为他们驱赶周围的黑暗，带去心灵之光，积极乐观地面对生活，永远斗志昂扬。

我要把它送给我可爱的学生，希望你们永远有阳光照耀，永远朝气蓬勃、乐观向上，度过快乐而有意义的学生时代。

看了这么多，听了这么多，同学们喜欢什么？想不想画下来，寄托自己的情感？

（四）创美达意

设计思路：动手实践，感受花鸟画托物言志、借物抒情的精神内涵。

设计意图：增强动手能力的同时，开发学生的创造力与想象力。

活动设计：鼓励学生拓展思维，写出此时此刻自己最想画下来的内容，并且写出要把它送给谁，你的祝福是什么，然后用笔墨简单尝试去画一画，以此来寄托自己的情感，亲身体验创作的乐趣。

问题设计：托物言志、借物抒情，并且写出你要把画送给谁，你的祝福是什么？以此来寄托自己怎样的情感？

师：请大家画出此时此刻自己最想画下来的内容，并且写出要把它送给谁，你的祝福是什么，以此来寄托自己怎样的情感？（学生快速写出并尝试用笔墨画一画，分享创作体会）

（五）尚美提升

设计思路：体悟国画的博大精深，深在内涵、深在寓意，呼吁学生用自己的方式传承中国书画传统。

设计意图：巩固本课所学知识，培养创新思维，提升学生对花鸟画的鉴赏能力。

活动设计：欣赏水墨画效果的动画短片。

师：同学们欣赏得都很认真，在刚才大家的热烈讨论中、专注的眼神中，老师感受到大家对传统文化的关注。中国花鸟画与中国人的精神、物质生活有着密切的联系，经过时代变迁而永葆魅力，具有永恒的艺术价值。作为新时代的青少年，我们应该从心底热爱咱们中国的传统文化艺术。

中国花鸟画博大精深，远不是我们这一课能了解透彻的。中国画如此美轮美奂，美在感官、美在技法、美在寓意，更美在传承，值得我们去传承和发扬其传统，希望每位同学都能找到属于自己的传承方式。

下一节课我们将动手实践，体验花鸟画的笔情墨趣，请同学们准备好相关的材料。

板书设计

抒情怡神的花鸟画

1. 感官之美。

2. 技法之美：工笔、写意、兼工带写。

3. 寓意之美。

教学评价

中国花鸟画博大精深，所涵盖的知识点非常多。这么多的知识如何让学生通过短短的一节课有兴趣去质疑、去探究，如何让学生对中国花鸟画这一传统艺术形式的理解不仅仅只浮在表面的热闹上，让学生能够多一点积淀、多一份素养、多一份体验，这是我一直思索的问题。

首先我对照美术课程标准，确定了教学目标，多方搜集资料，思考有效的教学方法。在有限的一节课里，我决定从方法上对学生进行一些引领。

课堂教学中，学生是学习的主人，我充分尊重学生独特的发现、独特的感受和体验，注重激发学生对中国画艺术的兴趣，进而引领学生关注中国花鸟画，从容导入新课，让学生成为课堂的主人，将花鸟画相关丰富的题材内容串联起来，提高了学生归纳、整理、交流表述的能力，同时增加了课堂的趣味性。通过展示大量的图片资料，引领学生对比、欣赏、讨论，总结出花鸟画的艺术特色，轻松突破本课的教学难点。

本节课专业性强，学生了解得较少，讲解起来有一定的难度。所以除介绍花鸟画不同的表现手法外，我着重引导学生分析：花鸟画家并不停留在对自然界花鸟草虫的形象摹写上，而是重在借物抒情，以花鸟为媒介传达自己的某种思想情感。

在深入阶段，通过欣赏作品，让学生了解花鸟画的精神内涵，在师生互动的过程中，学生进一步感受花鸟画这一传统艺术形象由表及里的艺术魅力，感受劳动人民非凡的创造能力。在教师展示的作品图片中，学生进一步感受花鸟画艺术的精髓。学生的语言表达能力、独特的思维能力都得到了发展和提升，一节美术课虽然短暂，但对学生的影响却是深远的。

第四节 "综合·探索"学习领域中的模式应用

教学设计1 布置我们的展览

教材分析

本课内容是如何利用前面准备好的设计作品办一个有特色的画展。要关注展览的布置因素，根据选定的空间和展出作品的数量，进行空间设计、区域划分，计算展线长度；作品张挂应符合高度要求并注意光线；注意观摩的路线、方向、进出口等的合理设计；充分利用展示空间，用悬吊、摆放等方法进行展示；在做好展览策划的基础上，体现学校文化特色，突出画展主题。

学情分析

七年级学生在美术作品的理解、评析等方面已经形成基础的认知，具备一定的创新意识，通过学习能了解并掌握基础的绘画技能及手工技法，但对综合探索领域中的一些活动参与度不高，对各种活动的策划与设计没有太多的经验。基于此，在本课的学习中，根据学生特点，教学以开放的形式，让学生在画展现场进行学习实践活动，在教师引导下，参与布展的各个环节，挖掘学生的创新思维，锻炼学生动手动脑的能力，增强团队意识与合作精神。

教学设计思路

本课主要的教学内容就是组织学生们将画展现场布置出来。在先期的海报、请柬等作品设计活动后，本节课教师带领学生到画展现场，通过实地考察、策划，带领学生参与布置画展的各项活动并指导学生一一落实，最终完成画展现场的布置，准备画展开幕式。

教学活动建议

建议教师在上课前把各项任务细化并以小组为单位布置下去，搜集相关的图片、视频等资料，在教学活动中实时给予技术指导与协作帮助。学生以小组为单位，自主进行设计制作、策划布置、讨论评述，以利于锻炼动手能力，挖掘创造潜能，增强团队意识与合作精神。

三维教学目标

知识与技能：撰写画展策划书，进行书画作品的分类，悬挂作品时角度与高度统一，设计参观路线，合理进行灯光布置。

过程与方法：通过学生的策划设计、实际操作，将画展的所有细节都布置到位，并对绘画作品进行悬挂。

情感、态度、价值观：让学生通过策划画展来展现自己的审美意识，体会美术专业知识的重要作用。

教学重点：画展策划书的撰写与整个画展流程的设计。

教学难点：如何运用形式美法则，在现有条件基础上布置美观的画展。

布展准备：学生作品、邀请函、展览策划书、各种小礼品及手袋、海报、宣传板、引导牌、工作人员与记者胸卡、签到簿、毛笔、签字笔等。

教学实施过程

（一）艺美引导

设计思路：教师组织学生观看绘画展厅的相关视频。

设计意图：增加学生的实践经验，为画展的布置进行知识储备。

活动设计：学生观看视频，各小组进行讨论。

问题设计：画展要具备的条件是什么？

师：绘画是视觉艺术，艺术家通过视觉形象与欣赏者进行面对面的交流。而交流的内容则是艺术家的情感世界和世界观、艺术观等。艺术形象如果仅仅只是鉴别和欣赏，是远远不够的，鉴赏的最终目的是交流，是对话，是学习，是提高人的认识能力，最终的结果是和其他艺术形式一样提高人的素质。所以，举办一场引人入胜的画展，就是给艺术家与观者搭起交流、沟通的桥梁。那么举办画展需具备哪些条件呢？请大家观看老师带来的有关几场画展的视频，大家仔细观察展厅的布局、作品的布置。（学生观看视频，然后讨论）

师：通过刚才同学们的讨论与回答我们得知，一场成功的画展，必须具备三个条件：展厅、画展策划人、作品。在具备这些条件的基础上，怎样布展就成为关键之所在。这节课，我们就来了解一下布置画展的相关知识。（引出课题：布置我们的展览）

（二）阅美感悟

设计思路：请学生观赏画展策划书实物，总结出策划书的内容与格式，教师指导学生进行活动策划书的撰写，最后确定策划书的格式与内容。

设计意图：锻炼学生的组织策划能力与团结协作精神。

活动设计：首先观看策划书实物，学生以小组为单位进行活动策划书的撰写，并讨论形成统一模式。

问题设计：怎样对画展进行策划？

（教师给每个小组发放展览策划书实物，请学生学习并归纳总结出策划书的撰写格式与内容）

师：正如同学们回答的，撰写画展策划书时要根据以下几点来写。

（1）策划书名称：尽可能具体地写出策划书的名称，如"××年××月××日信息系××活动策划书"，置于页面中央。

（2）活动背景：这部分内容首先应根据策划书的特点在以下项目中选取内容重点阐述，具体项目有：基本情况简介、主要执行对象、近期状况、组织部门、活动开展原因、社会影响以及相关目的动机。其次，应说明环境特征，主要考虑环境的内在优势、弱点、机会及风险等因素，对其全面分析，将内容重点放在分析环境的各项因素上，对过去、现在的情况进行详细的描述，并通过对情况的预测制订计划。如环境不明，则应该通过调查研究等方式进行分析并加以补充。

（3）活动目的及意义：用简洁明了的语言将其要点表述清楚，在陈述要点时，该活动的核心构成或策划的独到之处及由此产生的意义都应该明确写出。

（4）活动名称：根据活动的具体内容及意义拟定能够全面概括活动的名称。

（5）活动目标：此部分需要明示要实现的目标及重点。（目标选择需要满足重要性、可行性、时效性）

（6）活动开展：作为策划的正文部分，表现方式要简洁明了，使人容易理解。在此部分中，不仅仅局限于用文字表述，也可适当加入统计图表等；对策划的各工作项目，应按照时间的先后顺序排列，绘制实施时间表有助于方案核查。另外，人员的组织配置、活动对象、相应权责及时间地点也应在这部分加以说明，包括执行的应变程序也应该在此说明。

我们今天是为师生书画展来布展，主题是"同青春 共画卷"，根据老师说的撰写要求及内容，请各小组开始撰写策划书，一会儿评选出最佳策划方案。（学生开始撰写，教师巡回指导，随后评选）

师：现在我们评选出的最佳策划书，无论是内容还是形式，都是最佳的方案，就作为我们这次画展的策划书。（教师出示策划书）

活动主题

同青春 共画卷。

活动目的

学期近尾，新春将至。师生作品同创，荟萃精彩满堂。本次展示活动为丰富学生的学习生活、提高师生的审美情趣和综合素养、表现广大师生对新春的期冀与祝福提供了良好的契机。活动充分依托学校资源，组织学生课余时间利用社团参与到作品搜集、创作及展陈过程中来，有力推动学校"五育"建设和发展，花开朵朵、群英各姿。共回首旧岁时光，采果撷实；齐铺展新春画卷，迎春纳福。

活动时间、地点

2022 年 1 月 14 日济宁市实验初中任和校区崇雅楼一楼大厅。

组织科室

济宁市实验初中美术教研组、七年级年级组。

参展人员

全体教师与学生。

参展作品类别

泥塑、装饰画、手抄报、书法、国画、剪纸等。

活动内容

（1）美术教研组与年级组自第 14 周开始，对本次活动主题、内容、时间、地点及前期筹备工作进行安排部署。

（2）设计、印制本次活动的宣传手册及嘉宾邀请函。

（3）学生作品搜集及展陈材料准备。

（4）利用学校现有素材和资源，结合本次活动主题，师生共同练习、创作部分泥塑、剪纸、书法、国画等参展作品。

（5）展厅环境创设及作品布展。

（6）依照前期分工，相关教师负责做好展陈当日的引导、服务及本次活动的宣传报道工作。

温馨提示：

（1）临时展厅布展前后，或有不周之处，如您在此期间有任何问题，可随时联系美术组教师。

（2）镜头总是乐意捕捉赞叹惊奇的表情和文明观展的身影，爱护每件参展作品、保持展厅秩序和环境卫生，是你我共同的责任。

（3）活动是载体，亦为契机。如您有任何关于美术教育教学或学科建设的意见和建议，欢迎您随时分享，我们将努力以契机开新局。

群英荟萃，群贤毕至。

美术组及年级组全体师生真诚期待与您相约，悦品今夕硕果，恭迎新春福乐。

（三）赏美启智

设计思路一：观察优秀展厅设计图，了解优秀展厅的风格特点。

设计意图：观察优秀展厅布展情况，启发学生的创意思维。

活动设计：发放画展展厅图片，请学生仔细观察，找出展厅风格，提升审美认知。

问题设计：展厅的布局特点是什么？

师：一个成功的画展牵涉的因素有很多，有了策划书，还要了解其他的布展知识。老师这里有几张画展展厅的图片，大家仔细观察一下，展厅中的作品布置还有什么需要注意的？（学生观看优秀展厅案例）

师：好的画展展厅布置一定是要给人一种别致美感体验，展厅地面的颜色，可以与墙壁及天花板融为一体，奠定整个房间淡雅清新的基调。房间中间可以放置展架，上面可以摆放精致的手工作品或其他工艺品，两边的墙壁悬挂各类绘画作品，天花板吊顶上点缀着的吊灯要相得益彰，整个画展要体现简约、时尚、大气的风格。（教师讲解并出示图片）

设计思路二：教师组织学生以组为单位进行设计工作的展示。

设计意图：自主展示可以建立学生的自信心，也是展示个性的最好机会。

活动设计：学生以组为单位分别对画展的海报、请柬、手提袋、标签、宣传册等物品的设计进行展示。

师：举办一次成功的画展前期需要做许多准备工作，为了这次画展，我们也设计了请柬、海报等，下面大家就来展示一下自己的设计作品，共同选出优秀的作品作为本次展览的宣传。（学生展示海报、请柬、标签、宣传手册等设计作品并进行评选）

师：同学们的设计作品虽不是太专业，但已经能将自己的设计意图展现出来，并且也很认真，为你们点赞！

（四）寻美探究

设计思路一：对参展作品进行分类，每个小组负责一个画种，进行布展前的准备。

设计意图：通过此活动，培养学生团结协作的团队合作意识。

活动设计：学生以组为单位，分好作品种类，并摆放到相应的展区。

师：同学们，在画展开始之前，我们要做的工作很多，下一步要做的是把搜集整理好的绘画作品进行分类。前段时间大家各尽所能，准备了一些作品，经过各年级同学的评价与投票，选出部分优秀作品，这节课我们就要对这些作品进行布展。布展的首要前提是对已有的作品进行分类。下面以组为单位，将展厅中的这些作品进行分类。（教师指导学生对作品进行分类并摆放到相应的展区）

设计思路二：教师指导学生分析画展场地，以小组为单位设计合理的参观路线，并指导学生进行讨论，评选出最佳路线。

设计意图：锻炼学生的动手、动脑能力及团结合作精神。

活动设计：在教师指导下，每组学生提出建设性的意见，对画展现场的布局、用光、参观路线发表自己的看法，选出最佳方案。

师：现在以小组为单位进行讨论，策划阐述展厅如何布局，怎样用光及参观路线。大家各抒己见、群力群策，将画展布局设计好。（学生开始讨论并实地测量，安排，商讨参观路线、灯光及布局）

请各小组派代表阐述商议的结果（各小组派同学进行对灯管、布局、参观路线的阐述）

根据刚才各组的叙述，我们评出最佳方案（学生评选出最佳方案）如下。

（1）布置主题："同青春 共画卷"——济宁实验初中师生书画展。

（2）布置风格：舒适、温暖、朝气蓬勃。

（3）布局分为中国画区、彩画区、美术设计、雕塑等。

（4）展厅主色调：暖色调，以橘黄色或淡黄色及浅绿色为主。

（5）灯光以自然光、顶光、测光、聚光为主。

（五）创美达意

设计思路一：指导学生布置画展现场。

设计意图：这一实践活动可使学生提高协作能力和组织能力。

活动设计：学生根据画展场地进行实地布置，把画展作品运到现场，按照一定顺序排列，每件作品贴上标签，张贴画展前言。

师：根据分组要求，六个小组分别将国画、书法、彩画、装饰画、剪纸、手工等作品悬挂或摆放在展厅内。（学生开始挂画或摆放手工作品，教师巡回指导）

设计思路二：师生评价，交流布展过程中的经验，找出不足，创新思维，提出新的设想与布展创意。

设计意图：巩固本课所学知识，加强学生的动手能力，培养创新思维，提升学生的审美认知，创新策划思维，培养动手、动脑的能力。

活动设计：画展布置好，师生一起评议布置过程中的不足及需要改进的地方，并马上进行修整。

师：经过努力，我们已经顺利地将作品安置好了，同学们看看还有需要调整的地方吗？（学生观看、讨论并开始调整，教师指导并协助学生）

（六）尚美提升

设计思路：教师在学生布置完画展现场后进行总结，并请学生说说自己在此次活动中的收获。

设计意图：让学生总结经验，表达自己的实践体会，锻炼语言表达能力，提升审美水平。

活动设计：学生阐述参加本次活动的体会与感悟。

问题设计：在本次画展策划与布置活动中有什么样的收获？

师：通过本次活动，大家一定收获不小。下面，我们就来谈谈自己的感受或体会吧。（学生开始谈感受、体会）

师：从刚才的阐述中，我看到了大家的认真与努力。画展的策划与布置，对于我们来说是一次全新的尝试与体验，在这个过程中，我们每个小组的同学都团结一致、齐心协力，发挥自己的聪明才智，将这次画展策划、布置得井井有条，很好地突出了我们画展的主题与学校精神。在以后的学习中，我们会继续通过有意义的活动，让大家动脑又动手，开拓思维，增强创新意识、锻炼各项能力，体验活动与创造的乐趣。

板书设计

布置我们的展览

1. 画展策划书。

2. 画展布置设计：

（1）布置主题——校园书画展。

（2）布置风格——舒适、温暖、朝气蓬勃。

（3）布局分为中国画区、彩画区、美术设计、雕塑等。

（4）展厅主色调：暖色调，以橘黄色或淡黄色及浅绿色为主。

（5）灯光以自然光、顶光、测光、聚光为主。

教学评价

在本课活动进行前，我搜集了很多与画展布置相关的图片与视频材料，教学中以教师引导为主，学生观看图片、实物、视频为辅，让学生通过亲身体验各项活动，开拓了思维，增强了动手能力及团队合作意识，增加了实践经验。教学过程中学生兴趣高涨，通力合作，积极思考，取得较好的效果。不足之处，因时间有限且经验不足，教学环节稍显拖沓，个别教学环节还可精简，学生在布展过程中的有些环节有待细化。

教学设计 2　艺术魅力的展示——面具

教材分析

本课的具体内容是学习面具的设计制作，并进行表演活动。面具是一种纵贯古今、遍及全球的重要文化现象，它有着丰富的文化内涵和特殊的外在形式。我国是面具产生最早、流行时间最长的国家之一，直到今天它的原型仍然在我国民众心理方面、民俗方面、文化方面和艺术方面发挥着作用。

面具的制作和表演是引导学生在"在广泛的文化情境中认识美术"的很好的切入点，因此，本课教案的编写改变了以往只侧重于面具的制作技法而忽视美术文化学习的做法，注重引导学生关注人类社会发展进程中面具的起源、演变和不断发展的过程，了解不同国家、地域、民族对面具的理解、情感态度和审美习惯等，通过了解面具的造型特点、材料特点、人物特征，认识面具与人类社会发展的关系，认识面具深刻的文化内涵，从而增强对人类文化遗产的尊重、保护和发展意识。本课内容可安排两课时进行：第一课时以搜集、交流、欣赏、探究、评述为主，广泛、深入了解面具文化；第二课时以创作实践为主，根据校园艺术节表演需要，引导学生准备材料、确定方案、分工合作、完成作品，并进行小型模拟表演，为演出做准备。实际教学中，教师可根据学校工作安排和学生的学习情况灵活处理。

教学设计了三个学习活动，层层递进，环环相扣。第一个学习活动贯穿艺美引导与阅美感悟环节，要求学生搜集各类民俗活动中的面具资料，从文化、民族、宗教等多角度认识面具艺术，并分析其功能、造型、色彩，以了解各地的民俗文化内涵；第二个学习活动体现在寻美探究环节，旨在激发学生的想象力和创造力，引导学生通过探究与分析，感受面具的艺术风格；第三个学习活动创美达意则要求学生选用恰当的材料，运用剪、刻、粘贴、彩绘等技法，设计制作平面或立体的面具并进行表演。三个活动的设计，充分发挥学生的主体性，让学生带着轻松愉快的心情在愉悦的情境中进行美术学习，认识现代面具艺术对环境、对气氛所起到的烘托作用。通过整个活动的组织策划、对面具艺术的探讨，以及个性的充分展现、创造力

169

的发挥、团队的协作，学生能够自觉地运用美的创造法则和表现语言进行面具设计与制作，提高自身的审美意识和动手能力。

教学设计思路

本课以学生熟悉的电影片段引入，创设愉快的学习氛围，激发学生的学习兴趣。通过观察、分析多种不同风格的面具，了解面具的文化。以参观面具博物馆的形式了解不同国家的面具，中间融入相关的视频与音乐，感受面具的异国风情的同时，让学生有一种身临其境之感，有利于学生从颜色、材料、寓意等方面总结出各国面具的特点。引导学生在小组学习氛围中，相互交流、资源共享，培养合作意识。

课件设计流程

本节课将图片、文字、音乐、视频完美融合，结合生活实物与图片，引导学生了解中国传统面具的特色。以连线互动的形式，使学生认识中国藏戏面具中不同色彩代表着不同人物性格。引领学生走进面具博物馆，以听、看的方式学习世界各国的面具。在学生制作过程中，加入丰富的图片素材，给学生以创作灵感。最后利用视频，拓展学生的视野，使学生认识到继承和发扬中国传统文化的重要性。

三维教学目标

知识与技能：通过对面具艺术的欣赏，认识面具的演变、发展过程，了解面具与人类社会发展的关系，培养丰富的情感表达方式和审美习惯。

过程与方法：能分析面具的造型、色彩、材质特征，了解面具在表现人物外形特征和性格特征上常用的方法，初步学会面具的设计与制作。

情感、态度、价值观：通过面具的展示活动，增进同学之间的友谊，领略面具这一古老艺术的独特魅力，体验面具带给人们的乐趣，提升关注人类文化遗产的意识。

教学重点

（1）了解面具的由来和演变发展过程，了解不同国家、地域、民族对面具的不同理解。

（2）了解面具的造型特点及表现形式和方法。

教学难点：设计出具有新意、艺术效果独特并符合表演角色性格特征的面具。

教具准备：多媒体课件、手工面具教具、威尼斯面具和其他国家面具实物、各色卡纸、剪刀、刻刀、双面胶、生活中的废弃物、绘画工具等。

学具准备：制作面具的各种纸、双面胶、剪刀等工具材料及绘画工具。

教学实施过程

（一）艺美引导

设计思路：以《变相怪杰》电影片段导入，渲染课堂氛围。

设计意图：突出美术课堂的艺术性与趣味性，创设学习情境，激发学生的学习兴趣，自觉地融入课堂，为下一步的教学创造良好开端。

活动设计：学生观看电影《变相怪杰》片段。

问题设计：剧中的主人公为什么会突然变得这么有威力？

师：这节课就让我们走进神奇的面具，了解面具的发展演变，感受它特殊的魅力。（板书课题：艺术魅力的展示——面具）

（二）阅美感悟

参观面具博物馆第一展厅，了解面具的起源以及在现代生活中面具的作用

设计思路：播放音频，随着解说员的介绍，进入面具博物馆，初步了解面具的历史及作用。

设计意图：采用情境直观式教学，这一环节介绍了面具的起源，通过回忆身边见过的面具，使学生更深刻地体会到面具带给我们的生活乐趣。课前布置学生预习，通过查找相关知识，既培养了学生利用网络搜集信息的能力，也培养了学生归纳整理的能力。

活动设计：教师播放解说音频，学生认真聆听。

问题设计：在现代生活中，你在哪些场合见过面具？

师：在原始部落里，人们对一些疾病或自然现象不能做出科学的解释，他们以为是妖魔鬼怪在作恶，于是就戴上他们认为能给人们带来神奇力量的面具，手舞足蹈，来驱妖降魔。还有些将士在打仗的时候戴上凶猛的面具，使自己显得更威武，起到威吓敌人的作用。在现代生活中，你在哪些场合见过面具？（欣赏古今中外的面具，了解面具在现代生活中的作用）

（三）寻美探究

参观第二展厅，了解中国民间面具。

设计思路：学生欣赏傩戏面具和藏戏面具，探究傩戏面具和藏戏面具的造型、色彩、所代表的人物性格的特点，对两种面具有进一步的认识。

设计意图：用探究和感受的形式欣赏傩戏面具和藏戏面具，使学生感受原始艺术的美，领略面具这种古老艺术的独特魅力，关注人类文化遗产。

1. 参观傩戏面具

活动设计：学生跟随教师参观第二展厅，了解中国民间面具的两个代表——傩戏面具和藏戏面具。

问题设计：通过一组图片，观察一下傩戏面具有什么特点？

师：谈到面具，我们中国的面具历史悠久，直到现在面具还以鲜活的形式存在，傩戏面具主要分布于贵州。

2. 参观藏戏面具

活动设计：教师带领学生欣赏藏戏面具图片，介绍藏戏面具的不同色彩所代表的人物性格，通过连线小游戏，学生找出不同颜色对应的人物性格，巩固知识。

问题设计：这是藏戏面具中智慧之神的形象，这个面具都运用了哪些颜色？

师：藏戏面具的造型与原始宗教的图腾有关，多采用皮毛制作，它的题材主要包括历史故事、神话人物、神灵和动物。在藏戏面具中，不同的色彩代表不同的角色，像红色面具象征权力，多为国王；还有蓝色、黄色、绿色……（知识回顾，做个连线小游戏）

参观第三展厅，欣赏其他国家的特色面具。

设计思路：展示世界各国独具特色的面具，在浓郁的异国风情中，领略世界各国面具的不同之处，具体认识非洲面具和威尼斯面具的造型、题材和制作材料，通过音乐和视频，给学生一种身临其境的感觉，使其更快地融入知识的学习中。

设计意图：这一环节欣赏、了解不同国家、地域、民族对面具的理解、情感和审美习惯等，使学生感受世界各国不同的面具艺术，认识面具与人类社会发展的关系，从而增强对人类文化遗产的尊重、保护和发展意识，并为建立多元的世界文化观奠定基础。

活动设计：伴随着一段非洲音乐，欣赏图片，总结非洲面具的特点。

问题设计：通过我们刚才欣赏的图片，你认为非洲面具是用什么材料制作的？

师：非洲面具多为人面、动物或为二者的结合体，一般是围绕播种、丰收、宗教活动进行创作。接下来，我们走进意大利的威尼斯，听听解说员对威尼斯面具的介绍。（实物欣赏美洲、印度、朝鲜、日本、大洋洲的面具）

（四）赏美启智

设计思路：以小游戏的形式分辨中国面具和其他各国的面具。

设计意图：通过游戏巩固知识，抓住各种面具的特点。

活动设计：以摸一摸、猜猜看的形式，看看哪个小组回答得又快又准确。

问题设计：通过手中面具的特点，迅速说出其属于哪个国家的面具。

师：大家以击鼓传花的形式，传递手中的面具盒子，并迅速说出面具所属的国家。获胜的小组将获得老师亲手制作的面具一个。通过刚才的小游戏，小组讨论总结，面具（材料、造型、色彩）都有哪些特点。看来同学们知识掌握得非常不错，现在让我们一起走进面具工作室，看看面具是怎样制作出来的。

（五）创美达意

1. 学生创作

设计思路：教师演示面具制作过程，鼓励学生拓展思维，利用生活中的废旧材料设计面具造型，亲身体验创作的乐趣。

设计意图：学会以生活中的各种材料装饰、美化面具，增强动手能力的同时，开发学生的创造力与想象力，亲身感受面具的设计之美及与生活的紧密联系。

活动设计：教师示范，了解面具的制作方法以及制作步骤。小组讨论制作方法和步骤。在学生创作过程中，教师循环播放一些优秀的作品，启发学生灵感。

问题设计：制作面具需要哪些材料？它的制作步骤是怎样的？

师：在卡纸上绘制出所要设计的面具外形，并粘贴装饰物。（要求造型富有创意，颜色鲜艳）

小组合作，为我们学校的艺术节制作一款独具特色的面具。

（提示学生在完成具体的探究任务之外，如果还有其他发现，也可以记录下来一起讨论）

2. 合作交流，展示自我

设计思路：师生评价制作的面具，交流制作过程中的经验；列举面具在其他领域的应用。

设计意图：巩固本课所学知识，加强学生的动手能力，培养创新思维，提升学生对面具的认知及装点、美化生活的能力。

问题设计：说一说自己的作品都用了哪些材料，感觉作品的创新之处。

活动设计：集体展示，每个小组选代表佩戴面具上台展示，采用自评为主、互评与教师简评为辅的方式进行鼓励性评价，从而使学生积极参与到课堂中来。

师：请同学们欣赏展示作品，从材料使用、造型和创意方面评价一下每组作品的优点和需要改进之处。（学生上台展示，各小组评价，选出优秀作品）

（六）尚美提升

设计思路：观看视频，了解面具在现代生活中的应用，体会传统文化与现代艺术的结合，开阔视野，提高审美。

设计意图：让学生在了解传统面具的同时，体会现代面具艺术的强烈冲击力，感受艺术的强大魅力。

活动设计：观看视频，思考现代面具使用的主要材料。

问题设计：传统面具和现代面具的不同之处是什么？

师：时到今日，古老的面具艺术正向现代文明走来，走进我们的生活。刚才同学们的精彩展示已经让我们感受到了面具的魅力。课后，让我们设计制作出更多更美的面具作品，去体验面具带给我们的生活乐趣，使面具这一古老艺术发扬光大。（观看视频，教师讲解）

板书设计

艺术魅力的展示——面具

1. 面具的作用。

2. 中国面具：傩戏面具、藏戏面具。

3. 世界各国面具：非洲面具、威尼斯面具。

教学评价

面具作为一种古老的文化沿袭至今，一直受到人们的喜爱。今天的这一节课上得非常轻松，学生配合默契、情绪高涨，尤其后面的学生作品展示，把课堂气氛推到了高潮，大家体会到了面具带来的乐趣。这节课的设计集中体现了以学生为本的教学思路，使学生在玩中学、乐中学，从而轻松愉快地完成了教与学的任务。从设计到完成这节课，应该说收获比付出多得多。确切地说整个教学的过程是一个教学相长的过程。之前担心学生完成作业的时间问题，课堂实践证明，只要教师引导到位，学生完全能够突破思维定式，取得良好的教学效果。

教学设计 3　收获与激励

教材分析

本课是在本单元第 1 课和第 2 课的基础上，继续围绕运动会这一切入点和主题，以运动会奖杯、奖牌这两种象征性标志物为媒介，学习美术设计的基本构思、创意过程和动手制作的基本技能。按照本单元的设计，第 1 课基本是平面设计制作，第 2 课有了平面形态和立体形态两种选择，可选择其一进行练习，也可两种都进行实践操作；而本课则完全过渡到了立体形态物象的设计制作，单元整体设计体现了从平面到立体、从易到难、从简单到复杂的循序渐进的过程，符合学生在认知、动作技能两方面的渐进规律。本课也成为整个单元的综合性总结课程。

学情分析

六年级学生在美术作品的理解、评析等方面已经形成基础的认知，具备一定的创新意识，通过学习能了解、掌握基础的绘画技能及手工技法。虽然对各种活动的策划与设计没有太多的经验，但有较浓厚的兴趣。在本课的学习中，应抓住学生兴趣点与特点进行教学，在教师引导下进行设计并参与颁奖环节，整个设计、活动过程，教师引导学生学习，锻炼学生的动手、动脑能力，增强团队意识与合作精神。

教学设计思路

本课注重以实物结合图片的形式讲解，由教师讲解、学生观察、动手实践、活动策划等环节组成。在学习过程中，始终将爱国情怀与励志教育贯穿全堂，即模拟运动会颁奖仪式，将自己亲手制作的奖杯、奖牌颁发给获奖者，而活动场地也可将前两课所制作的运动会标志和吉祥物作为装饰。在教师指导下，学生不但进行设计和制作，还能积极参与相关活动的组织策划、计划分工、协调合作、展示交流等，增强了运用所学知识和技能处理具体问题的能力。

课件设计流程

课件设计注重音频、视频、图片、文字的有机结合，以具有视觉冲击力的体育赛事视频，引发学生兴趣点，进入学习环节后，巧妙运用音乐，结合图片，形成视觉冲击力的同时，配合醒目的文字，使学生在整个课堂学习中能循序渐进，达到预期的学习效果。

三维教学目标

知识与技能：了解奖杯、奖牌的基本造型和结构，学习用各种适宜的材料进行奖杯、奖牌的设计制作练习。

过程与方法：进一步加强学生的设计意识。通过学习奖杯、奖牌的设计制作，掌握设计的创意、构思要点和过程，能按照一定的方法和步骤，成功地将自己的设计意图表现出来。

情感、态度、价值观：通过模拟运动会颁奖仪式，提高学生的组织策划能力、动手实践能力、审美能力以及良好的合作意识。

教学重点：奖杯、奖牌的造型创意、构思以及结构处理等。

教学难点：材料的适用性选择以及综合材料之间的连接匹配处理。

寻艺尚美

教具准备：从学校有关部门或个人处借来的各种奖杯、奖牌和奖品实物，各种奖杯、奖牌的图片资料，北京奥运会和学校运动会颁奖仪式视频资料，多媒体课件及播放设备，示范制作所用工具和材料等。

学具准备：课前搜集的各种有关运动会的图文资料（电子稿或打印好的纸稿均可），设计、制作奖杯和奖牌的工具材料。（材料要求材质多样、易于寻找和加工、安全无污染，可采用纸盒、纸筒、塑料瓶、易拉罐等废弃物）

教学实施过程

（一）艺美引导

设计思路：教师组织学生观看 2022 年冬季奥运会比赛视频，抓住学生兴趣点引入本课。

设计意图：利用视频，激发学生学习兴趣，增强民族自豪感与自信心。

活动设计：学生观看 2022 年北京冬季奥运会我国自由式滑雪女子空中技巧运动员徐梦桃夺冠场景视频。

师：四战冬奥，16 年坚守，徐梦桃终于夺冠。无数挫败，咬牙坚持，最终圆梦。这样励志的素材在影视作品中早已屡见不鲜，但当艺术回归现实，现实和艺术交融，滑雪技巧运动员徐梦桃夺冠的那一刻，让我们看到了坚持的可贵。我们致敬每一个有梦想且还在坚持的人，坚持自己的坚持，梦想就一定会照进现实！金牌是他们的荣誉，也是辉煌时刻的见证，更是对他们拼搏精神的激励和褒奖。这节课我们就学习奖牌与奖杯的设计与制作，各小组成员团结协作，在课堂上展示自己的风采！（引出课题：收获与激励）

（二）阅美感悟

设计思路：请学生观看并触摸奖杯与奖牌实物，小组内讨论得出它们的材质与造型特点。

设计意图：锻炼学生的观察能力与概括能力，感受作品的美感，提高审美水平。

活动设计：教师在每个小组桌子上放置一件奖杯或奖牌模拟实物品，学生观察触摸，讨论其造型特点与材质区别。

问题设计：奖杯（牌）的造型有什么特点？是用什么材质做成的？

师：老师今天带来几件奖杯与奖牌，请同学们观察一下，奖杯在造型上有什么特点？每个小组的奖杯是用什么材质制作的？（学生观察、讨论并回答）

师：通过触摸与观看，大家已经掌握了奖杯的造型特点，奖杯主要是由奖杯底座、杯身组成，杯身的造型各式各样，但一般是体现举办国家或地域的人文特色或举办赛事的信息，如书本中出示的足球世界杯的"大力神杯"，整个奖杯看上去就像两个大力士托起了地球，奖杯高达 36 厘米、重 4970 克，由 18K 黄金制成，底座镶有两圈墨绿色的孔雀石，从基座上延伸出的几条曲线呈螺旋状向上伸展，一直连接到顶部的地球造型，作为雕像主体的两名运动员的形态设计充分展现出那令人激动万分的胜利瞬间。

同学们回答和总结得很对，奖杯在材质的应用上主要有水晶、铜、黑胡、桃木、合金、大理石等。（PPT 显示几种奖杯材料图片）而奖牌的材料主要是金、银、铜，造型一般是圆形。奖杯与奖牌是荣誉的象征，体育赛事体现的是一种精神，奖杯既是对成功的激励与褒奖，也蕴含着收获的喜悦。（教师边讲解，边播放几个体育赛事场景与颁奖画面，最后定格几幅奖杯、奖牌画面）

（三）寻美探究

设计思路：重点分析 2008 年奥运会奖牌，了解并掌握奖牌的设计元素。

设计意图：通过赏析奥运会奖牌，启发学生的创意思维，了解中国文化在体育赛事中的外化形式。

活动设计：教师 PPT 出示奖牌图片，师生互动分析其组合部分。

问题设计：奖牌（杯）设计的三要素是什么？

师：我们看过许多比赛，特别是国际比赛，当我国运动员获得奖牌，五星红旗在国歌声中冉冉升起时，我们无比的自豪与骄傲。各个赛事的奖牌都有不同的特点，大家请看图片，小组内讨论，找出其特点，或者说出是什么赛事的奖牌。（PPT 出示奖牌图片，学生讨论后回答）这几块奖牌分别来自什么赛事？你是怎么推断的呢？（学生回答）对！从五环图案，我们推断这块奖牌是奥运会奖牌；另外的一块奖牌有什么特点？（学生回答）大家观察得很仔细，另外这块我们看到有国徽、五角星、黄河、长江、山峰、牡丹等元素，以及中国结、莲花、如意等元素，这些中国特色图案元素的运用，象征着勋章获得者为共和国建设和发展作出的巨大贡献，礼赞国家最高荣誉，祝福祖国繁荣昌盛，寓意全国各族人民团结一心共筑中华民族伟大复兴的中国梦。所以，从这些图案元素中我们可以看出中国精神，所以这块奖牌是共和国勋章；除这些图案之外，我们还在勋章的哪个地方看到了中国元素？（学生回答）这位同学说得非常对，勋章还使用了大红色与金色，这两种颜色也体现了勋章的含义。

师：分析后哪位同学能总结一下，奖牌的设计元素包括哪几个方面？（学生回答，教师总结并板书）图案、文字、色彩，这三点也是我们进行奖牌设计时要考虑的要素。奖牌在设计时，除了要关注视觉形态外，还要体现文化内涵。奖牌不仅是对获胜者的奖励，也是活动举办方的一张名片。我们能够通过奖牌的造型、图案、色彩了解赛事的举办地点和性质，同时还能通过奖牌了解举办地的人文特色。

（四）赏美启智

设计思路：用PPT中的奖杯图片结合手工作品，引导学生在了解奖杯材质的基础上，认识有哪些材料可以制作奖杯。

设计意图：以图片和实物的形式展示，教师带领学生赏析的同时，熟悉、了解手工制作奖杯的材质特点，为下一步创意作品储备知识。

活动设计：学生以组为单位分别对各种材料制作的奖杯进行观察，找出其造型与材质特点。

师：刚刚我们欣赏了水晶、铜、黑胡桃木、合金的奖杯，开模铸造，整体稳重大方。但我们如果给学校运动会制作奖杯，肯定要用简单好操作的材料，大家能举出几种材料呢？同位间讨论一下，然后回答。（学生讨论后回答）

师：对，我们可以用废旧材料来制作，如纸盒、塑料瓶、废弃的卡纸。（教师出示手工制作品，学生观赏）

（五）创美达意

设计思路一：教师利用手中的材料，现场制作一个奖杯（牌），启发学生创作思维，并运用废旧材料进行创作。

设计意图：教师示范，启发学生创作思维，了解奖杯（牌）制作过程；学生动手制作，锻炼动手能力，培养创新意识。

活动设计：教师用纸盒快速制作一个奖杯，学生分析后，能用手中的材料创新性地制作奖杯。

问题设计：除了用金、银、铜、玉这些材料以外，还能用其他材料制作奖牌吗？

（PPT出示塑料、铁丝等材料图片）

师：除了这些材料外，我们能不能用身边的废旧材料来制作奖杯、奖牌？有哪些材料可以利用呢？（学生思考并回答）

师：请大家看一下，这是什么？（学生回答）对！是一个纸盒子，不要眨眼，看老师给你们变个魔术。（教师快速将纸盒折成一把钥匙）大家看出来了，是一把钥匙，它不仅能开锁，还能开启同学们思维的大门。

人们的很多奇思妙想都有可能变成现实，关键在于设计师有没有奇妙的创意。

这也是我们在奖牌设计时要注意的另一个因素。创意就是与众不同，要有创新，创新是一个民族的灵魂。看老师现在将这把金钥匙奖牌摇身一变，变成了什么？（学生回答）对，奖杯！你在各种赛事中都见到过哪种形状的奖杯呢？（学生回答，教师 PPT 展示几组手工制作的奖杯图片）

师：我们看一下用塑料瓶制作奖杯的过程，方法也可以用在其他材料上。（教师演示，并提示注意用刀、剪的安全）好，哪位同学来总结一下老师都用了哪几种制作方法？（学生回答，教师板书：切割、粘贴、装饰、组合）

师：欣赏了这么多奖牌和奖杯，你想不想利用身边的材料来制作？

（学生开始制作奖杯或奖牌，教师巡回指导）

设计思路二：师生评价，交流制作过程中的感受，创新思维，指出作品的优缺点及创意点。

设计意图：巩固本课所学知识，加强学生的动手能力，培养其创新思维，提升生的审美认知与动手、动脑的能力。

活动设计：师生一起评议作品的优点、创意点。

师：创意是设计的灵魂，好的创意能体现奖品的价值所在，通过大家评选，我们选出了优秀的作品，现在进行颁奖典礼，对同学的付出与努力进行奖励。（教师指挥学生，进行颁奖。）

（六）尚美提升

设计思路：教师与学生布置颁奖台，请课堂教学中表现积极的同学为创意作品颁奖。

设计意图：通过此次活动，锻炼学生组织策划、计划分工、协调合作、展示交流的综合能力。

活动设计：在前台展示优秀作品，表现优秀的同学给这些作品的作者颁奖。

师：通过本次活动，大家都各有收获，无论在学习中还是创造中，大家都有不俗的表现，创意是设计的灵魂，好的创意能体现奖品的价值所在，付出就要有收获，努力就要给予奖励，现在我们就有请本节课表现优秀的几位同学，到前台来给评选出的优秀作品颁奖。（教师指挥学生在音乐声中进行颁奖活动）

通过本课的学习，我看到了大家的认真与努力，更看到了同学们的创意思维与团结协作的精神。希望在以后的学习中，大家能继续发扬这种精神，通过一些活动提升自己的各项能力，使自己全面发展，在将来的各个领域都有所建树。

板书设计

收获与奖励

奖杯的材质

材质与创意

设计三要素：图案、文字、色彩

制作方式：切割、粘贴、装饰、组合

教学评价

本课在设计时，将图片与实际物品结合，引导学生对奖杯与奖牌进行观察、触摸，拉近学生与所学内容的距离，并在最后以模拟运动会颁奖仪式的方式，让学生将自己亲手制作的奖杯、奖牌颁发给获奖者，引发学生学习的高潮，而布置活动场地时也可将前两课所制作的运动会标志和吉祥物作为装饰，使学生的组织策划、计划分工、协调合作、展示交流能力等有所提升。

不足：时间分配不太均匀，前面设计部分时间过长，导致最后颁奖环节有些仓促，所以还要细化六个教学环节，教学设计避免拖沓，语言言简意赅，督促学生设计作品时要掌握好时间，使课堂有效且高效，通过初中美术课堂24字教学模式实现教学过程最优化。

第四章

初中美术课堂 24 字教学
模式的实践与反思

4

尋艺
尚美

一、初中美术课堂 24 字美术教学模式得到广泛关注和推广

初中美术课堂 24 字教学模式具有自主性与开放性，始终坚持学生自主学习在先、教师教学在后，学中有教、教中有学，实现学与教的辩证统一。在学习过程中落实自主、合作、探究学习方式，建立平等、互助、合作的新型师生关系，使学生在课堂中体验学习的快乐。24 字教学模式使学生的美术视野更加开阔，学生对美术课堂的兴趣得到了有效培养，提升了学生的审美能力、创造能力和综合运用能力。此教学模式六大模块之间互相联系、互相补充、互相促进，根据不同的教学内容共同建构课堂。该教学模式的提出，与学校的素质教育发展理念是相统一的，它在初中美术教学领域具有一定的导向性、指引性，使课堂架构更加完善，尤其是对青年教师，使他们的课堂更有系统性，做到有据可循、有理可依。工作室青年教师在教育教学方面也取得可喜成绩。2014 年，闫丹丹获得山东省美术优质课一等奖，2020 年获济宁市教学能手称号；2016 年，杨芸芸获得山东省美术优质课二等奖；2018 年，周双熙获得济宁市优质课一等奖。柏立峰获济宁市教学能手称号；史囡获任城区教学能手称号，济宁市美术基本功一等奖；夏海红获山东省教学技能大赛二等奖，济宁市任城区首批教学能手等。24 字课堂教学模式的研创与教学实践，推进了基础教育教学中素质教育的发展，在济宁市第十三中学、第十五中学及各县区的兄弟学校中实践应用，取得了良好效果。

二、初中美术课堂 24 字模式教学转变了学生的学习方式，使学生自主学习能力明显提高

运用 24 字美术教学模式，引导学生进行自主探讨，学习效果较好。课堂上学生表现自己、展示自己的机会增多，真正地承担起了学习的主体责任。学生们组内辩论和质疑，实现了小组学习效益最大化。学生对基础知识和基本技能的掌握，发现问题、分析问题和解决问题的能力明显有了提升。

三、创新之处：培养目标明确，形成了具有学科特色、框架清晰的教学体系

初中美术课堂 24 字教学模式在引导学生主动参与、主动探究的前提下，并不一味地求新、求趣，过度淡化美术教学基本知识和基本技能，而是利用更为系统化的带有学科特征的有效的教学方法，通过各种学习活动提高学生审美水平，培养会观察、会审美、会创造、会做人的学生。

初中美术课堂 24 字教学模式有助于引领青年教师更快地理解美术教学大纲要求，并根据六大学习模块展开设计，创设学生体验、合作、探究式的新型课堂模式。每一模块通过教学设计的各个环节实施推行，具体到环节的活动安排、设计意图、问题设计、重难点突破等。

初中美术课堂 24 字教学模式转变了青年教师的课堂，使其更具有系统性，做到了有据可查，有理可依。不仅本校青年教师成长非常迅速，我们还利用名师工作室推动片区学校的探究和实践，为任城区培养了多位教学成绩突出的美术教师，形成了任城区优秀的美术教师团队。不仅如此，其他同行也会利用交流机会前来学习并实践运用，均取得良好的效果。

四、初中美术课堂 24 字美术教学模式在实践中的反思

初中美术课堂 24 字教学模式应用于美术课堂以来，老师们通过多年实践，积累了许多经验，但同时也发现了一些问题需要在今后的教学研讨及备课中加以改进。

（1）教学方法。任何一种课堂形式都是为教学目标服务的，为帮助学生学习服务，教师要把握好教学设计的意图、活动安排的目的，把控好小组合作、探究的时间与效率，让学生真正融入课堂，自主学习获取知识。

（2）师生关系。我们强调学生在课堂上的主体地位，但不可忽视教师在教学中的主导地位、引领作用，只有教师适时地介入，进行必要的点拨归纳，对美术作品的欣赏、探究才能引向深入，才能进一步激发学生深层探究的兴趣，使学生获得系统的知识和正确的观点。

（3）美术课强调学生作品的呈现，即创造美。我们要把手工、绘画等多种形式纳入课堂，让每个学生在自主学习的过程中动手实践，并在教学结束时学有所获，并将作品完整呈现，达到良好的学习效果。

（4）科学理解教材编排意图，有效地设计美术综合性学习，不能只停留在传统美术教学的层面上，要把学生真正引领到丰富多彩的社会生活领域进行美术综合性活动。